宋·王當撰

春秋臣傳

（一）

中國書店

詳校官編修臣周瓊

臣紀昀覆勘

欽定四庫全書　史部七

春秋臣傳　傳記類雜録之屬

提要

臣等謹案春秋臣傳三十卷宋王當撰當字子思眉山人好學舉進士不第元祐中蘇轍以賢良方正薦廷對策入四等調龍游縣尉蔡京知成都舉為學官不就及京為相遂不仕卒其書所傳凡一百九十一人各以贊附

于後陳振孫稱爲議論純正文詞簡古于經義多所發明陳造稱爲多出新見可與經傳參贊然持論亦不免有純駁如謂魯哀公如討陳恒即諸侯可得之類殊非聖人本意也至其編次時世前後證引國語史記等書補左傳闕畧則誠爲該備無遺于經傳有補焉宋史藝文志載是書作五十一卷與此本不合然于當列傳則亦云三十卷蓋志爲誤矣

乾隆四十九年九月恭校上

總纂官臣紀昀臣陸錫熊臣孫士毅

總校官臣陸費墀

春秋臣傳卷一

宋 王當 撰

隱公

魯臧僖伯

臧僖伯魯孝公之子公子彄也字子臧五年公將如棠觀魚者僖伯諫曰凡物不足以講大事其材不足以備器用則君不舉焉君將納民於軌物者也故講事以度

軌量謂之軌取材以章物采謂之物不軌不物謂之亂政亂政亟行所以敗也故春蒐夏苗秋獮冬狩皆於農隙以講事也三年而治兵入而振旅歸而飲至以數軍實昭文章明貴賤辨等列順少長習威儀也鳥獸之肉不登於俎皮革齒牙毛羽骨角不登於器則公不射古之制也若夫山林川澤之實器用之資皁隸之事官司之守非君所及也公曰吾將略地焉遂往陳魚而觀之僖伯稱疾不從書曰公矢魚于棠非禮也且言遠地也

冬僖伯卒公曰叔父有憾於寡人寡人弗敢忘葬之加一等書曰冬十有二月公子彄卒善之也

鄭潁考叔

潁考叔鄭之潁谷封人也初鄭武公娶于申曰武姜生莊公及共叔段莊公寤生驚姜氏故名曰寤生遂惡之愛共叔段欲立之及莊公即位請京使居之謂之京城大叔大叔完聚繕甲兵具卒乘將襲鄭夫人將啟之公命伐京京叛大叔段段入于鄢公伐諸鄢遂寘姜氏于

城潁而誓之曰不及黃泉無相見也潁考叔聞之有獻
于公公賜之食食舍肉公問之對曰小人有母皆嘗小
人之食未嘗君之羹請以遺之公曰爾有母遺繄我獨
無潁考叔曰敢問何謂也公語之故且告之悔對曰君
何患焉若闕地及泉隧而相見其誰曰不然公從之公
入而賦大隧之中其樂也融融姜出而賦大隧之外其
樂也洩洩遂為母子如初君子曰潁考叔純孝也愛其
母施及莊公詩曰孝子不匱永錫爾類其是之謂乎十

一年鄭伯將伐許公孫閼與潁考叔爭車秋七月庚辰傅于許考叔取鄭伯之旗蝥弧以先登子都自下射之鄭師畢登壬午遂入許鄭伯使卒出豭行出犬雞以詛射潁考叔者君子謂鄭莊公失政刑矣政以治民刑以正邪既無德政又無威刑是以及邪邪而詛之將何益矣

衛石碏

石碏衛大夫也衛公子州吁嬖人之子也有寵而好兵

公勿禁碏諫曰臣聞愛子教以義方勿納於邪驕奢淫泆所自邪也四者之來寵祿過也夫寵而不驕驕而能降降而不憾憾而能眕者鮮矣且夫賤妨貴少陵長遠間親新間舊小加大淫破義所謂六逆也君義臣行父慈子孝兄愛弟敬所謂六順也去順效逆所以速禍也君人者將禍是務去而速之毋乃不可乎弗聽其子厚與州吁遊禁之不可桓公立乃老四年州吁弑桓公而立未能和其民厚問定君於石子石子曰王覲為可曰

何以得覲曰陳桓公有寵於王陳衛方睦若朝陳使請必可得也厚從州吁如陳碏使告於陳曰衛國褊小老夫耄矣無能為也此二人者實弒寡君敢即圖之陳人執之而請涖于衛衛人使殺州吁于濮碏使殺厚于陳君子曰石碏純臣也惡州吁而厚與焉大義滅親其是之謂乎

魯衆仲

衆仲魯大夫也公子益師之子益師孝公子字曰衆父

故其子以衆為氏衛州吁立將修先君之怨於鄭而求寵於諸侯以和其民公問於衆仲曰衛州吁其成乎對曰臣聞以德和民不聞以亂以亂猶治絲而棼之也夫州吁阻兵而安忍阻兵無衆安忍無親衆叛親離難以濟矣夫兵猶火也不戢將自焚也夫州吁弑其君而虐用其民於是乎不務令德而欲以亂成必不免矣五年考仲子之宫將萬焉公問羽數於衆仲對曰天子用八諸侯用六大夫四士二夫舞所以節八音而行八風故

自八以下公從之於是初獻六羽始用六佾也無駭卒羽父請謚與族公問族於衆仲對曰天子建德因生以賜姓胙之土而命之氏諸侯以字為謚因以為族官有世功則有官族邑亦如之公命以字為展氏

鄭祭仲

祭仲字仲足鄭大夫也始為祭封人因以為氏莊姜愛共叔段請京使居之祭仲曰都城過百雉國之害也先王之制大都不過參國之一中五之一小九之一今京

不度非制也君將不堪不如早為之所無使滋蔓蔓難圖也蔓草猶不可除況君之寵弟乎公曰多行不義必自斃子姑待之既而大叔果敗桓王奪鄭政鄭伯不朝桓五年秋王以諸侯師伐鄭鄭伯禦之設左右拒為魚麗之陳先偏後伍伍承彌縫王卒大敗祝聃射王中肩王亦能軍祝聃請從之公曰君子不欲多上人況敢陵天子乎夜鄭伯使祭足勞王且問左右十一年宋人執祭仲初仲有寵於鄭莊公莊公使為卿為公娶鄧曼生

昭公昭公之敗北戎也齊人請昬之昭公辭祭仲曰必取之君多内寵子無大援將不得立三公子皆君也勿從夏莊公卒故仲立昭公宋莊公誘仲而執之曰不立突將死亦執厲公而求賂焉仲不從其言則君必死國必亡從其言則君可以生易死國可以存易亡少遼緩之則突可故出而忽可故反是不可得則病然後有鄭國古人之有權者祭仲之權是也權者反於經而有善者也權之所設舍死亡無所設行權有道自貶損以行

權不害人以行權殺人以自生亡人以自存君子不為也遂與宋人盟以厲公歸而立之昭公奔衛祭仲專鄭伯患之使其壻雍糾殺之將享諸郊雍姬知之謂其母曰父與夫孰親其母曰人盡夫也父一而已胡可比也遂告仲曰雍氏舍其室而將享子于郊吾惑之以告仲殺雍糾公載以出曰謀及婦人宜其死也十五年厲公出奔蔡六月昭公入十七年高渠彌弑昭公而立公子亹明年秋齊襄公師于首止子亹會之高渠彌相七月

戊戌齊人殺子亹而轘高渠彌仲逆昭公弟子儀而立之是行也仲知之故稱疾不往人曰祭仲以知免仲曰信也

賛曰臧伯之諫頗考叔之感悟於忠孝其庶乎以考叔之純孝而其終以爭斃孝弟犯上者或有之矣莊公之威不能行于其家其能行于國乎考叔之没哀哉臧伯之後與春秋為終始天之報忠也厚矣祭仲之二三其德易所謂莫益之或擊之惜乎其不轘於齊也公羊稱

祭仲古人之有權者異哉伊尹放太甲以覆湯之典刑也其歸之者以其思庸也祭仲之事果如是乎此乃趨利以規免何足以語古人之權哉

春秋臣傳卷一

欽定四庫全書

春秋臣傳卷二

宋　王當　撰

桓公

魯臧哀伯

臧哀伯者僖伯之子也名達曰臧孫氏二年四月取郜大鼎于宋戊申納于太廟哀伯諫曰君人者將昭德塞違以臨照百官猶懼或失之故昭令德以示子孫清廟

欽定四庫全書

茅屋大路越席大羹不致粢食不鑿昭其儉也衮冕黻珽帶裳幅舄衡紞紘綖昭其度也藻率鞞鞛鞶厲游纓昭其數也火龍黼黻昭其文也五色比象昭其物也鍚鸞和鈴昭其聲也三辰旂旗昭其明也夫德儉而有度登降有數文物以紀之聲明以發之以臨照百官百官於是乎戒懼而不敢易紀律今滅德立違而寘其賂器於太廟以明示百官百官象之其又何誅焉國家之敗由官邪也官之失德寵賂章也郜鼎在廟章孰甚焉武

王克商遷九鼎于雒邑義士猶或非之而况將昭違亂之賂器于太廟其若之何公不聽周内史聞之曰臧孫達其有後於魯乎君違不忘諫之以德莊公十一年秋宋大水公使弔焉對曰孤實不敬天降之災以為君憂拜命之辱既而聞之曰公子御説之辭達曰是宜為君有恤民之心臧氏之後世有顯者

隨季梁

季梁隨大夫也六年楚侵隨闘伯比請羸師以張之熊

率且比曰季梁在何益鬬伯比曰以為後圖少師得其君少師歸請追楚師季梁止之曰天方授楚楚之羸其誘我也君何急焉臣聞小之能敵大也小道大淫所謂道忠於民而信於神也上思利民忠也祝史正辭信也今民餒而君逞欲祝史矯舉以祭臣不知其可也公曰吾牲牷肥腯粢盛豐備何則不信對曰夫民神之主也是以聖王先成民而後致力於神故奉牲以告曰博碩肥腯謂民力之普存也謂其畜之碩大蕃滋也謂其不

疾瘯蠡也謂其備物咸有也奉盛以告曰潔粢豐盛謂其三時不害而民和年豐也奉酒醴以告曰嘉栗旨酒謂其上下皆有嘉德而無違心也所謂馨香無讒慝也故務其三時修其五教親其九族以致其禋祀於是乎民和而神降之福故動則有成今民各有心而鬼神乏主君雖獨豐其何福之有君姑脩政而親兄弟之國庶免於難隨侯懼而脩政楚不敢伐

楚鬭伯比

鬬伯比楚大夫也楚將伐隨伯比請羸師以張之隨少師有寵伯比曰雖有舋不可失也合諸侯以敗之既敗隨師獲其戎右少師隨及楚平楚子將不許伯比曰天去其疾矣隨未可克也乃盟而還十三年屈瑕代羅伯比送之還謂其御曰莫敖必敗舉趾高心不固矣及羅大敗莫敖縊于荒谷初屈瑕將盟貳軫鄖人與隨絞州蓼伐楚師莫敖患之曰盍請濟師於王鬬廉曰師克在和不在衆商周之不敵君之所聞也莫敖曰卜之對曰

卜以決疑不疑何卜遂敗鄖師于蒲騷

晉師服

師服晉大夫也初晉穆侯之夫人姜氏以條之役生太子命之曰仇其弟以千畝之戰生命之曰成師師服曰異哉君之名子也夫名以制義義以出禮禮以體政政以正民是以政成而民聽易則生亂嘉耦曰妃怨耦曰仇古之命也今君命太子曰仇弟曰成師始兆亂矣惠之二十四年晉始亂故封桓叔于曲沃師服曰吾聞國

家之立也本大而末小是以能固故天子建國諸侯立家卿置側室大夫有貳宗士有隸子弟庶人工商各有分親皆有等衰是以民服事其上而下無覬覦今晉甸侯也而建國本既弱矣其能久乎卒如其言

魯申繻

申繻魯大夫也六年九月子同生以太子生之禮舉之接以太牢卜士負之士妻食之公與文姜宗婦命之公問名於申繻對曰名有五有信有義有象有假有類以

名生為信以德命為義以類命為象取於物為假取於父為類不以國不以官不以山川不以隱疾不以畜牲不以器幣周人以諱事神名終將諱之故以國則廢名以官則廢職以山川則廢主以畜牲則廢祀以器幣則廢禮晉以僖侯廢司徒宋以武公廢司空先君獻武廢二山是以大物不可以命公曰是其生也與吾同物命之曰同十八年春公將有行遂與姜氏如齊繻曰女有家男有室無相瀆也謂之有禮易此必敗既而果然莊

公十四年傅瑕殺鄭子及其二子而納厲公初内蛇與外蛇鬬於鄭南門中内蛇死六年而厲公入公聞之問於申繻曰猶有妖乎對曰人之所忌其氣燄以取之妖由人興人無釁焉妖自不作人棄常則妖興故有妖

賛曰隨之安危勝敗要於季梁一言之用否賢者之於國如何也季梁之言其利害灼然可見而隨故用於非謀甚矣庸人之甘於禍敗也伯比之謀國也忠其料事

也審天以子文昌其後師服之言其見幾也哉

春秋臣傳卷二

春秋臣傳卷三

宋　王當　撰

莊公

齊鮑叔牙

鮑叔牙齊公子小白之傅也齊侯使連稱管至父戍葵丘瓜時而往曰及瓜而代期戍公問不至請代弗許故謀作亂叔牙奉公子小白奔莒亂作管夷吾召忽奉公

子糾來奔九年夏公伐齊納子糾桓公自莒先入鮑叔曰子糾親也請君討之管召仇也請受而甘心焉乃殺子糾召忽死之管仲請因鮑叔受之及堂阜而稅之先是桓公入自莒使鮑叔為宰辭曰臣君之庸臣也君加惠於臣使不凍餒則是君之賜也若必治國家者則非臣之所能也其唯管夷吾乎臣不若管夷吾者五寬惠柔民弗若也治國家不失其柄弗若也忠信可結於百姓弗若也制禮義可法於四方弗若也執枹鼓於軍門

使百姓皆加勇焉弗若也桓公曰夷吾射寡人中鉤是以瀕於死鮑叔對曰夫為其君動也君若宥而反之夫猶是也桓公使請諸魯公曰寡君有不令臣在君之國欲以戮於羣臣莊公於是束縛以與齊比至三釁三沐之而位於高國之上叔牙以身下之行以國政號曰仲父桓公遂伯管仲嘗歎曰吾少困窮時嘗與鮑叔賈分財多自與鮑叔不以我為貪知我貧也吾嘗與鮑叔謀而大困窮鮑叔不以我為愚知時有利有不利也吾嘗

三仕三見逐於君鮑叔不以我為不肖知我不遭時也吾嘗三戰三北鮑叔不以我為怯知我有老母也公子糾敗召忽死之吾幽囚受辱鮑叔不以我為無耻知我不羞小節而耻名不顯於天下也生我者父母知我者鮑叔也及夷吾有病桓公問之曰仲父之病病矣可不諱之至於大病則寡人惡乎屬國而可夷吾曰公與誰與桓公曰鮑叔可曰不可其為人潔廉若士也其於不已若者不比之人一聞人過終身不忘使之理國上且

鈎乎君下且逆乎民其得罪於君將不久矣桓公曰然則孰可曰勿已則隰朋可其為人也上忘而下不叛愧其不若而哀其不已若者以德分人謂之聖以財分人謂之賢以賢分人未有得人者也以賢下人未有不得人者也其於國有不聞也其於家有不見也勿已則隰朋可此世稱管鮑善交者不得不然也

齊管敬仲

管敬仲名夷吾齊相也初為公子糾之傅桓公殺公子

糾而請敬仲於魯比至公親逆之於郊而與之坐而問焉曰昔吾先君襄公築臺以為高位田狩畢弋不聽國政卑聖侮士唯女是崇是以國家不日引不月長恐宗廟之不掃除社稷之不血食敢問為此若何敬仲曰聖王之治天下也參其國而伍其鄙定民之居成民之事而謹用六柄焉桓公曰成民之事若何對曰四民者勿使雜處雜處則其言哤故聖王之處士使就閒燕處工就官府處商就市井處農就田野少而習焉其心安焉

不見異物而遷焉是故君兄之教不肅而成子弟之學不勞而能公曰安國若何對曰作內政而寄軍令焉於是制國五家為軌故五人為伍軌長帥之十軌為里故五十人為小戎里有司帥之四里為連故二百人為卒連長帥之十連為鄉故二千人為旅鄉良人帥之五鄉一帥故萬人為一軍五鄉之帥帥之三軍故有中軍之鼓有國子之鼓有高子之鼓春以蒐振旅秋以獮治兵祭祀同福死喪同恤災禍共之夜戰聲相聞足以不乖

晝戰目相見足以相識是故守則同固戰則同彊君有此士也三萬人以方行天下以誅無道以屏周室天下大國之君莫之能禦公曰吾欲從事於諸侯其可乎對曰為游士八十人奉之以軍馬衣裘多其資幣使周遊四方以號召天下之賢士皮幣玩好使民鬻之四方以監其上下之所好擇其淫亂者而先征之閔公元年狄伐邢敬仲言於齊侯曰戎狄豺狼不可厭也諸夏親暱不可棄也宴安酖毒不可懷也詩曰豈不懷歸畏此簡

書齊人救邢始霸也僖公四年齊侯以諸侯之師侵蔡蔡潰遂伐楚楚成王使與師言曰君處北海寡人處南海唯是風馬牛不相及也不虞君之涉吾地也何故敬仲對曰昔者召康公命我先君太公曰五侯九伯女實征之以夾輔周室賜我先君履東至于海西至于河南至于穆陵北至于無棣爾貢包茅不入王祭不共無以縮酒寡人是徵昭王南征而不復寡人是問楚子使屈完及諸侯盟始桓公即位數年東南多有淫亂者一戰

敗三十一國遂南征伐楚荆州諸侯莫不來服北伐山戎斬孤竹而南歸海濵諸侯莫不來服與諸侯同心勠力西征攘白狄之地秉桴濟河懸車束馬踰太行與拘夏服流沙反胙于絳嶽濵諸侯莫不來朝大朝諸侯于陽穀兵車之屬六乘車之會三甲不解壘兵不解翳弢無弓服無矢隱武事行文道帥諸侯而朝天子葵兵之會天子使宰孔致胙於桓公謂伯舅無下拜桓公召管仲而謀對曰為君不君為臣不臣亂之本也桓公懼出

見客曰天威不違顔咫尺小白余敢貪天子之命曰爾無下拜恐隕越于下以為天子羞遂下拜升受命賞服大輅龍旂九旒渠門赤旂諸侯稱順敬仲之力也襄公以戎難討王子帶桓公使敬仲平戎于王王以上卿之禮享敬仲敬仲受下卿之禮而還君子曰管氏之世祀也宜哉讓不忘其上詩曰愷悌君子神所勞矣敬仲卒五子皆求立桓公卒易牙豎貂作亂蓋以陽門之扉三月不葬子路問於孔子曰管仲何如子曰仁也子路曰

昔管仲説襄公公不受是不辯也欲立公子糾而不能是不知也家殘於齊而無憂色是不慈也桎梏而居檻車無慙心是無愧也事所射之君是不正也召忽死之管仲不死是不忠也仁人之道固如是乎孔子曰管仲説襄公不受公之暗也欲立子糾而不能不遇時也家殘於齊而無憂色知權命也桎梏而無慙心自裁審也事所射之君通於變也不死子糾量輕重也夫子糾未成君管仲裁度於義束縛而立功名未可非也管氏終

春秋而無顯者後有管修者賢為楚大夫白公之亂見殺

魯曹劌

曹劌魯人十年春齊師伐我公將戰劌請見其鄉人曰肉食者謀之又何間焉劌曰肉食者鄙未能遠謀乃入見問何以戰公曰衣食所安弗敢專也必以分人對曰小惠未徧民弗從也公曰犧牲玉帛弗敢加也必以信對曰小信未孚神弗福也公曰小大之獄雖不能察必

以情對曰忠之屬也可以一戰戰則請從公與之乘戰于長勺公將鼓之劌曰未可齊人三鼓劌曰可矣齊師敗績公將馳之劌曰未可下視其轍登軾而望之曰可矣遂逐齊師既克公問其故對曰夫戰勇氣也一鼓作氣再而衰三而竭彼竭我盈故克之夫大國難測也懼有伏焉吾視其轍亂望其旗靡故逐之十三年公會齊侯于柯莊公升壇曹子手劍而從之管子進曰君何求乎曹子曰城壞壓境君不圖與管子曰然則君何求曹

子曰願返汶陽之田管子顧曰君許諾桓公曰諾曹子請盟桓公下與之盟曹子摽劒而去之要盟可犯而桓公不欺曹子可讎而桓公不怨桓公之信著乎天下自柯之盟始焉二十三年夏公如齊觀社非禮也劌諫曰不可夫禮所以整民也故會以訓上下之則制財用之節朝以正班爵之義帥長幼之序征伐以討其不然諸侯有王王有巡守以大習之非是君不舉矣土發而社助時也收攟而烝納要也今齊社而往觀非先王之訓

也天子祀上帝諸侯會之受命焉諸侯祀先公卿大夫佐之受事焉不聞諸侯之相會祀也祀又不法君舉必書書而不法後嗣何觀公不聽

魯臧文仲

臧文仲魯大夫臧孫辰也臧哀伯之孫伯氏瓶之子二十八年冬饑文仲言於公曰夫為四鄰之援結諸侯之信申以盟誓固國之艱急是為鑄名器藏寶財固民之殄病是待今國病矣君盍以名器請糴於齊公曰誰使

對曰國有饑饉卿出告糴古之制也辰也備卿請如齊公使往從者曰君不命吾子吾子請之其為選事乎文仲曰賢者急病而讓夷居官者當事不避難在位者恤民之患是以國家無違今我不如齊非急病也在上不恤下居官而惰非事君也文仲以鬯圭與玉磬如齊告糴曰天災流行戾於敝邑敢告滯積以紓執事以救敝邑豈惟寡君與二三臣實受君賜其周公太公及百辟神祇實永享而賴之齊人歸其玉而與之糴宋襄公欲

合諸侯文仲曰以欲從人則可以人從欲鮮濟僖二十一年夏大旱公欲焚巫尩文仲曰非旱備也修城郭貶食省用務穡勸分此其務也巫尩何為天欲殺之則如勿生若能為旱焚之滋甚公從之是歲也饑而不害二十二年公伐邾公卑邾不設備文仲者國無小不可易也蠭蠆有毒而況國乎溫之會晉人執衛成公文仲言於公曰夫諸侯之患諸侯恤之所以訓民也君盍請衛君以示親諸侯公說乃免衛侯衛侯聞臧文仲之為也

使納賂焉辭曰外臣之言不越境不敢及君三十一年
春取濟西田分曹地使文仲往宿於重館重館人告曰
不速行無及也從之分曹地自洮以南東傅于濟盡曹
地也歸為之請曰地之多也重館人之力也臣聞之善
有章雖賤必賞也惡有釁雖貴必罰也今一言而辟境
其章大矣請賞之乃出而爵之文公二年秋八月丁卯
有事於大廟躋僖公逆祀也於是夏父弗忌為宗伯尊
僖公且明見曰吾見新鬼大故鬼小先大後小順也躋

聖賢明也明順禮也君子以為失禮禮無不順祀國之大事也而逆之可謂禮乎子雖齊聖不先父食久矣故禹不先鯀湯不先契文武不先不窋仲尼曰臧文仲其不仁者三不知者三下展禽廢六關妾織蒲三不仁也作虛器縱逆祀祀爰居三不知也五年秋楚滅六又滅蓼文仲聞六與蓼滅曰皐陶庭堅不祀忽諸德之不建民之無援哀哉孔子問於漆雕憑曰子事臧文仲武仲及孺子容此三大夫孰賢對曰臧氏家有守龜名曰蔡

文仲三年而為一兆武仲三年而為二兆孺子容三年而為三兆憑從此見之若問三人之賢與不賢所不敢識也孔子曰君子哉漆雕氏之子也其言人之美也隱而顯言人之過也微而著知如不能及明如不能見孰克如此

衛石祁子

石祁子衛大夫也十二年冬猛獲出奔衛宋人請于衛衛人欲勿與祁子曰不可天下之惡一也惡於宋而保

於我保之何補得一夫而失一國與惡而棄好非謀也
衛人歸之閔公二年狄伐衛衛懿公好鶴鶴有乘軒者
將戰國人受甲者皆曰使鶴鶴實有禄位余焉能戰公
與祈子玦與寗莊子矢使守曰以此賛國擇利而為之
與夫人繡衣曰聽於二子及狄人戰衛師敗績遂滅衛
齊桓公封衛于楚丘衛國忘亡文公大布之衣大帛之
冠務材訓農通商惠工敬教勸學授方任能元年革車
三十乘季年乃三百乘

陳完

陳完字敬仲陳厲公之子二十二年陳人殺太子禦寇公子完奔齊齊侯使為卿辭曰羇旅之臣幸若獲宥及於寬政赦其不閑於教訓而免於罪戾弛於負擔君之惠也所獲多矣敢辱高位以速官謗請以死辭使為工正飲桓公酒樂公曰以火繼之辭曰臣卜其晝未卜其夜君子曰酒以成禮不繼以淫義也以君成禮弗納於淫仁也初懿氏卜妻敬仲其妻占之曰吉是謂鳳凰于

飛和鳴鏘鏘有嬀之後將育于姜陳厲公生敬仲其少也周史有以周易見陳侯陳侯使筮之曰是謂觀國之光利用賓于王此其代陳有國乎不在此其在異國不在其身而在其子孫若在異國必姜姓也姜大嶽之後也山嶽則配天物莫能兩大陳衰此其昌乎及陳之亡也陳桓子始大於齊

賛曰管仲辱囚而不死知有鮑叔存焉無鮑叔則無管仲故舉賢之功尚矣管仲相桓公一匡天下身没未幾

而齊大亂豈禮法不身先乎以管仲桓公之賢不能慮陳氏於其始及其成也景公晏子何救哉曹劌閭巷之人耳而知忠屬可以一戰者先王使民樂為之死唯其誠而已柯之盟公羊以為曹子穀梁以為曹劌考其時事蓋劌也太史以為曹沫其聲之誤邪臧文仲之賢不稱於仲尼而魯人師其言以為死而不朽蓋非立德立功者也立言者也石祈子有碏之風哉

春秋臣傳卷三

欽定四庫全書

春秋臣傳卷四

宋　王當　撰

莊公

晉士蔿

士蔿字子輿晉大夫也劉累之後在周為杜氏宣王殺杜伯杜伯之子隰叔奔晉生蔿為士故以士為氏初桓莊之族偪獻公患之蔿曰去富子則羣公子可謀也巳公

曰爾試其事蔿與羣公子謀譖富子而去子明年又與羣公子謀使殺游氏之二子告晉侯曰不過二年君必無患又明年蔿使羣公子盡殺游氏之族乃城聚而處之冬晉侯圍聚盡殺羣公子晉侯將伐虢蔿曰不可虢公驕若驟得勝於我必棄其民無衆而後伐之欲禦我誰與夫禮樂慈愛戰所畜也虢弗畜也亟戰將饑晉侯為太子城曲沃蔿曰太子不得立矣分之都城而位以卿先為之極又焉得立不如逃之無使罪至為吳泰伯

不亦可乎既而太子見殺初晉侯使蔿爲二公子築蒲與屈不愼寘薪焉夷吾訴之公使讓之蔿稽首而對曰臣聞之無喪而慼憂必讎焉我戎而城讎必保焉寇讎之保又何愼焉守官廢命不敬固讎之保不忠失忠與敬何以事君詩云懷德維寧宗子維城君其脩德而固宗子何城如之三年將尋師焉用愼退而賦曰狐裘尨茸一國三公吾誰適從

魯季子

季子名友魯莊公母弟也謚曰成初季子之將生也桓公使卜楚丘之父卜之曰男也其名曰友在公之右間于兩社為公室輔及生有文在手曰友遂以命之莊公疾問後於季子對曰臣以死奉般公曰鄉者叔牙謂慶父材季子曰夫何敢是將為亂乎八月公薨子般即位共仲使賊子般于黨氏成季奔陳立閔公公使召諸陳公次于郎以待之書曰季子來歸嘉之也二年八月共仲使賊公于武闈成季以僖公適邾共仲奔莒季子乃

入立之以賂求共仲于莒莒人歸之及密乃縊僖元年冬莒人來求賂友敗諸酈獲莒子之弟拏嘉獲之也十六年三月壬申卒書曰公子季友貴之也

楚令尹子文

令尹子文姓鬬名穀於菟楚大夫也初若敖娶於䢵生鬬伯比隨其母畜於䢵淫於䢵子之女生子文焉䢵夫人使棄諸夢中虎乳之䢵子田見之遂使收之楚人謂乳穀謂虎於菟故命之曰穀於菟莊之三十年楚人殺

子元子文始為令尹自毀其家以紓楚國之難三仕三
已喜慍不形於色成得臣伐陳取焦夷城頓而還子文
以為之功使為令尹叔伯曰子若國何對曰吾以靖國
也夫有大功而無貴仕其人能靖者與有幾僖之二十
七年楚子將圍宋使子文治兵於睽終朝而畢不戮一
人子玉復治兵於蔿終日而畢鞭七人貫三人耳國老
皆賀子文子文飲之酒蔿賈尚幼後至不賀子文問之
對曰不知所賀子之傳政於子玉曰以靖國也靖諸內

而敗諸外所獲幾何子玉之敗子之舉也舉以敗國將何賀焉子玉剛而無禮不可以治民過三百乘不能以入矣苟入而賀何後之有既而子玉果敗卒子般嗣

般字子揚初子文之兄司馬子良生子越椒子文曰是子也熊虎之狀而豺狼之聲弗殺必滅若敖氏矣諺曰狼子野心是乃狼也其可畜乎子良不可子文以為大慼及將死聚其族曰椒也知政乃速行矣無及於難且泣曰鬼猶求食若敖氏之鬼不其餒而及子文卒般為

令尹子越譖而殺之子越為令尹遂處烝野將攻王楚莊王與戰于臯滸遂滅若敖氏般之子克黄使於齊還及宋聞亂其人曰不可入矣克黄曰棄君之命獨誰受之君天也天可逃乎遂歸復命而自拘於司敗王思子文之治楚國也曰子文無後何以勸善也使復其所改命曰生越椒字伯棼文公九年來聘執幣傲叔仲惠伯知其必滅若敖氏曰傲其先君神弗福也

周內史過

內史過周大夫也三十二年有神降于莘惠王問於過曰是何故有之乎對曰有之國之將興其君齊明中正精潔惠和其德足以昭其馨香其惠足以同其人民神饗而民聽民神無怨故神明降之觀其德政而均布福焉國之將亡其君貪冒辟邪滛泆荒怠粗穢暴虐其政腥臊馨香不登其刑矯誣百姓攜貳明神不蠲而民有遠志民神怨恫無所依懷故神亦往焉觀其苛慝而降之禍是以或見神以興亦或以亡昔夏之興也祝融降

于崇山其亡也回祿信于聆隧商之興也檮杌次于丕山其亡也夷羊在牧周之興也鸑鷟鳴于岐山其衰也杜伯射王于鄗是皆明神之志也王曰今是何神也對曰其丹朱之神乎王曰其誰受之對曰在虢土臣聞之道而得神是謂馮福淫而得神是謂貪禍今虢少荒其亡乎王曰吾其若之何對曰以其物享焉王從之使祝史奉犧牲玉鬯往獻過至於虢虢公使史嚚享焉神賜之土田史嚚曰虢其亡乎吾聞之國將興聽於民將亡

聽於神神聽明正直而壹者也依人而行虢多涼德其何土之能得過歸以告王曰虢必亡矣虐而聽於神不禋於神而求福焉神必禍之不親於民而求用焉民必違之精意以享禋也慈保庶民親也今虢動匱百姓以逞其違離民怒神而求利焉不亦難乎僖五年晉滅虢

十一年晉以丕鄭之亂來告王召武公及過賜晉侯命受玉惰過歸告王曰晉侯其無後乎王賜之命而惰於受瑞是自棄也其何繼之有禮國之幹也敬禮之輿也

不敬則禮不行禮不行則上下昏何以長世夫拜不稽首誣其王也晉侯誣王人亦誣之大臣享其禄弗諫而阿之亦必及焉十五年惠公隕于韓二十四年秦人殺子金子公

魯御孫

御孫魯大夫也莊公丹桓宫之楹刻其桷皆非禮也御孫諫曰儉德之共也侈惡之大也先君有共德而君納諸大惡無乃不可乎二十四年秋哀姜至公使宗婦覿

用幣非禮也御孫曰男贄大者玉帛小者禽鳥以章物也女贄不過榛栗棗脩以告虔也今男女同贄是無別也男女之別國之大節也而由夫人亂之毋乃不可乎弗聽閔公哀姜之娣叔姜之子也慶父通於哀姜哀姜欲立之閔公之死哀姜與知之故孫于邾齊桓公取而殺之以其尸歸君子以齊人之殺哀姜也為已甚矣女子從人者也

楚鬻拳

鬻拳楚之閽也初拳强諫楚子楚子不從臨之以兵懼而從之拳曰吾懼君以兵罪莫大焉遂自刖也楚人以為大閽謂之大伯使其後掌之君子鬻拳可謂愛君矣諫以自納於刑刑猶不忘納君于善

賛曰士蔿季友子文之後皆大惟其忠於君利於國而不為私也季友討公仲其大義滅親者乎經稱公子友敗莒師獲莒拏穀梁稱友謂拏曰吾二人不相說士卒何罪屏左右而搏若然豈所謂敗其師乎子文尚子玉

而身下之知其愎而求靖也而不慮屈國喪師之為患故仲尼謂其忠矣而未仁也魯秉周禮其士大夫皆閑於先王之典而明得失若衆仲哀伯申繻御孫其多識君子哉異哉鬻拳之愛君也有愛君之誠而不知愛君之道豈忠勇而未始學邪

春秋臣傳卷四

欽定四庫全書

春秋臣傳卷五

宋　王當　撰

閔公

齊仲孫湫

仲孫湫齊大夫也魯共仲之亂湫以事出疆因來省難故書曰仲孫來曰仲孫嘉之也公曰魯可取乎對曰猶秉周禮周禮所以本也臣聞之國將亡本必先顛而後

枝葉從之魯不棄周禮未可動也君其務寧魯難而親之親有禮因重固間攜貳覆昏亂霸王之器也

晉狐突

狐突字伯行晉公子重耳外祖父也二年十二月晉侯使太子申生伐東山皐落氏公衣之偏衣佩之金玦突歎曰時事之徵也衣身之章也佩衷之旗也故敬其事則命以始服其身則衣之純用其衷則佩之度今命以時卒閟其事也衣之尨服遠其躬也佩以金玦棄其衷

也服以遠之時以閟之尨涼冬殺金寒玦離胡可恃也梁餘子養曰帥師者受命於廟受脤於社有常服矣不獲而尨命可知也死而不孝不如逃之太子敗狄而反讒言益起卒縊而死重耳夷吾出奔僖十年晉侯改葬共太子突適下國遇太子太子使登僕而告之曰夷吾無禮余得請於帝矣將以晉畀秦秦將祀余對曰臣聞之神不歆非類民不祀非族君祀無乃殄乎且民何罪失刑乏祀君其圖之君曰諾吾將復請七日新城西偏

將有巫者而見我焉及期而往告之曰帝許我罰有罪矣敝於韓十五年秦敗晉師于韓獲晉惠公夷吾及惠公卒懷公命無從亡人期期而不至無赦突之子毛及偃從重耳在秦弗召冬懷公執突曰子來則免對曰子之能仕父教之忠古之制也策名委質貳乃辟也今臣之子名在重耳有年數矣若又召之教之貳也父教子貳何以事君刑之不濫君之明也臣之願也淫刑以逞誰則無罪臣聞命矣乃殺之卜偃稱疾不出曰周書有

之乃大明服已則不明而殺人以逞不亦難乎民不見德惟戮是聞其何後之有明年晉人殺懷公

晉卜偃

卜偃晉大夫也亦曰郭偃晉侯賜畢萬魏以為大夫偃曰畢萬之後必大萬盈數也魏大名也以是始賞天啓之矣天子曰兆民諸侯曰萬民今名之大以從盈數其必得衆虢公敗戎於桑田偃曰虢必亡矣亡下陽不懼而又有功是天奪之鑒而益其疾也不可以五稔冬十

一月晉滅虢二十五年春秦伯師于河上欲納王狐偃請文公勤王使偃卜遇黄帝戰于阪泉之兆公曰不堪也對曰周禮未改今之王古之帝也晉侯辭秦師而下三月右師圍温左師逆王四月入于王城敗太叔于温殺之戊午晉侯朝王王享醴命之宥文公問於偃曰始吾以治為易今也難對曰君以為易其難也將至矣君以為難其易也將至焉聽童謡占柩音不録

史蘇

史蘇晉卜大夫也獻公卜伐驪戎蘇占之曰勝而不吉且懼有口公曰口在寡人寡人弗受誰敢興之對曰苟可以攜其入也必甘受逞而不知胡可壅也公弗聽遂伐驪克之獲驪姬以歸有寵立以爲夫人蘇告晉大夫曰有男戎必有女戎若晉以男戎勝戎而戎亦以女戎勝晉里克曰何如對曰昔夏桀伐有施有施氏以妹喜女焉妹喜有寵於是乎與伊尹比而亡夏商辛伐有蘇有蘇氏以妲己女焉妲己有寵於是乎與膠鬲比而亡商

周幽王伐有褒褒人以褒姒女焉褒姒有寵生伯服於是乎與虢石父比逐太子宜臼而立伯服太子奔申申人召西戎以伐周周於是乎亡今晉寡德而安俘女又增其寵雖當三季之王不亦可乎從政者不可以不戒亡無日矣驪姬生奚齊其娣生卓子驪姬請使申生主曲沃重耳處蒲夷吾處屈奚齊處絳以儆無備之故公許之蘇朝告大夫曰二三大夫其戒之乎亂本生矣驪姬果作難殺太子而逐二公子君子曰知亂本矣初獻

公筮嫁伯姬于秦遇歸妹之睽蘇占之曰不吉及惠公敗于韓卒如其言語見韓簡

晉里克

里克晉大夫也為太子申生之傅公將黜申生而立奚齊里克曰史蘇之言將及矣其若之何丕鄭曰吾聞從事者從其義不阿其惑克曰我不佞雖不識善亦不阿惑吾其靜也晉侯使申生伐東山皐落氏克諫曰太子奉冢祀社稷之粢盛以朝夕視君膳者也故曰冢子君

行則守有守則從從曰撫軍守曰監國古之制也夫師在制命而已禀命則不威專命則不孝故君之嗣適不可以帥師公曰立太子之道有三身鈞以年年同以愛愛疑決以卜筮子無謀吾父子之間不對而退見太子太子曰吾其廢乎對曰子懼不孝無懼不得立修已而不責人則免於難孺子勉之乎君子曰善處父子之間矣驪姬告優施曰君既許我殺太子而立奚齊吾難里克若何優施曰子為我具特羊之饗吾以從之飲姬許

諾施飲里克酒告克曰君既許驪姬殺太子而立奚齊謀既成矣克曰中立其免乎優施曰免克告丕鄭曰吾不敢撓志以從君而廢人以自利也明日稱疾不朝三旬難成驪姬以君命命申生曰今夕君夢齊姜必速祠而歸福太子祭于曲沃歸胙于絳公至自田姬毒而獻之公祭之地地墳與犬犬斃與小臣小臣亦斃申生恐而出奔新城或謂太子子辭君必辯焉太子曰君非姬氏居不安食不甘我辭姬必有罪君老矣吾又不樂曰

子其行乎太子曰君實不察其罪被此名也以出人誰納我十二月戊申自經于廟九年獻公卒克欲納文公故以三公子之徒作亂十月殺奚齊及驪姬書曰殺其君之子未葬也荀息立公子卓而葬十一月克殺公子卓于朝荀息死之書曰里克弒其君卓及其大夫荀息正其罪也克使告夷吾于梁會周公忌父立晉惠公惠公殺克以說將殺克使謂之曰微子則不及此雖然子弒二君與一大夫為子君者不亦難乎對曰不有廢也

其何以興欲加之罪其無辭乎臣聞命矣伏劒而死既而悔之書曰晉殺其大夫里克克親為三怨之主累弑二君故稱名誅之也

賛曰春秋之士死生存亡禍福一以禮觀之仲孫湫之言得其本矣公羊以仲孫為慶父非也慶父實與弑子般其來不竟魯失刑矣又安得而美之晉執狐突使召毛偃而不從楚囚伍奢使召尚負而從之蓋毛偃重耳之臣雖父命有所不行也卜偃之見微有足尚者史蘇

之智亦其亞也古之君子晦於卜筮者多矣里克始非不善乃臨危輒變首鼠兩端進退無所據竟亦不免豈若荀息守志以成名知死非難處死為難信哉

春秋臣傳卷五

春秋臣傳卷六

宋 王當 撰

僖公

周富辰

富辰周大夫也二十四年鄭伐滑王使伯服游孫伯如鄭請滑鄭伯怨惠王之入不與厲公爵也又怨襄王之與衛滑也故不聽王命而執二子王怒將以狄伐鄭辰

諫曰不可臣聞之太上以德撫民其次親親以相及也昔周公弔二叔之不咸故封建親戚以藩屏周管蔡郕霍魯衛毛聃郜雍曹滕畢原酆郇文之昭也邘晉應韓武之穆也召穆公思周德之不類故糾合宗族于成周而作詩曰常棣之華鄂不韡韡凡今之人莫如兄弟其四章曰兄弟鬩于牆外禦其侮如是則兄弟雖有小忿不廢懿親今天子不忍小忿以棄鄭親其若之何庸勳親親暱近尊賢德之大者也即聾從昧與頑用嚚姦之

大者也鄭有平惠之勲又有厲宣之親棄嬖寵而用三良於諸姬為近四德具矣耳不聽五聲之和為聾目不别五章之色為昧心不則德義之經為頑口不道忠信之言為嚚狄皆則之四姦具矣夫兄弟之怨不懲於他王其不可棄之王弗聽使頽叔桃子出狄師伐鄭王德狄人將以其女為后辰諫曰不可臣聞之報者倦矣施者未厭狄固貪惏王又啟之女德無極婦怨無終狄必為患又弗聽初甘昭公通於隗氏王替隗氏頽叔桃子

曰我實使狄狄其怨我乎遂奉太叔以狄師攻王大敗周師獲辰王出適鄭太叔居于温辰乃以其屬死之

虞宫之奇

宫之奇虞大夫也晉荀息請假道於虞以伐虢公曰宫之奇存焉對曰宫之奇之為人也懦而不能强諫且少長於君君暱之雖諫將不聽且夫翫好在耳目之前而患在一世之後中智以上乃能慮之臣料虞公中智以下也乃使荀息假道於虞虞公許之宫之奇諫曰晉國之

使其辭卑而幣重乃不便於虞虞公弗聽荀息里克帥師會虞師滅下陽五年晉侯復假道於虞以伐虢之竒諫曰虢虞之表也虢亡虞必從之晉不可啓寇不可翫一之謂甚其可再乎諺所謂輔車相依脣亡齒寒者其虞虢之謂也公曰晉吾宗也豈害我哉對曰太伯虞仲太王之昭也太伯不從是以不嗣虢仲虢叔王季之穆也為文王卿士勲在王室藏之盟府將虢是滅何愛於虞公曰吾享祀豐潔神必據我對曰臣聞之鬼神非人

實親惟德是依非德民弗和神弗享矣神所馮依將在德矣若晉取虞而明德以薦馨香神其吐之乎弗聽之奇出曰虞將亡矣吾不去懼及焉以其族行曰虞不臘矣在此行也晉不再舉矣十二月滅虢師還館於虞遂襲虞滅之執虞公故書曰晉人執虞公罪虞且言易也

宋子魚

司馬子魚宋公子目夷也宋桓公疾大子茲父固請曰目夷長且仁君必立之公命子魚子魚曰能以國讓仁

孰甚焉臣不及也且又不順遂走而退宋襄公即位以公子目夷為仁使為左師以聽政於是宋治故魚氏世為左師十九年宋人執滕宣公夏公使邾文公用鄫子于次睢之社欲以屬東夷子魚曰古者六畜不相為用小事不用大牲而況敢用人乎祭祀以為人民神之主也用人其誰饗之齊桓公存三亡國以屬諸侯義士猶曰薄德今一會而虐二國之君又用諸淫昏之鬼將以求霸不亦難乎得死為幸秋宋人圍曹討不服也子魚

言於宋公曰文王聞崇亂而伐之軍三旬而不降退脩教而復伐之因壘而降詩曰刑于寡妻至于兄弟以御于家邦今君德無乃猶有所闕而以伐人若之何盍姑内省德乎無闕而後動二十一年秋諸侯會宋公于盂子魚曰禍在此乎君欲已甚其何以堪之於是楚執宋公以伐宋始宋公與楚子期以乘車之會目夷諫曰楚夷國也彊而無義請以兵車之會往宋公曰不可吾與約以乘車之會自我為之自我隳之不可終以乘車往

楚人果伏兵車執宋公以伐宋楚知雖殺宋公猶不可得宋國於是釋宋公公走之衛子魚曰國為君守之君曷為不入然後逆襄公歸明年三月鄭伯如楚夏宋公伐鄭子魚曰所謂禍在此矣楚人伐宋以救鄭十一月已巳朔宋公及楚人戰于泓宋人既成列楚人未既濟子魚曰彼衆我寡及其未既濟也請擊之公曰不可既濟而未成列又以告公曰未可既陳而後擊之宋師敗績國人皆咎公公曰君子不重傷不禽二毛古之為軍

也不以阻隘也寡人雖亡國之餘不鼓不成列子魚曰君未知戰勍敵之人隘而不列天贊我也阻而鼓之不亦可乎若愛重傷則如勿傷愛其二毛則如服焉三軍以利用也金鼓以聲氣也利而用之阻隘可也聲盛致志鼓儳可也二十三年襄公卒傷於泓故也

晉荀息

荀息字叔晉大夫也獻公朝諸大夫而問焉寡人夜者寢而不寐其意何也諸大夫有進對者曰寢不安與其

諸侍御有不在側者與獻公不應荀息進曰虞虢見與獻公揖而進之遂與之謀息請以屈産之乘與垂棘之璧假道於虞以伐虢公曰是吾寶也對曰若得道於虞是我取之中府而藏諸外府也取之中廄而置之外廄也公曰宫之奇存焉對曰宫之奇之為人也達心而懦達心則其言略懦則不能强諫則君輕之且夫翫好在耳目之前而患在一世之後此中智以上乃能慮之臣料虞公中智以下也乃使息假道虞公許之夏荀息帥

師會虞師伐虢滅下陽先書虞賄故也五年復滅虢而滅虞息牽馬操璧而前公曰璧則猶是也而馬齒加長矣獻公使息傅奚齊公疾使召之曰以是藐諸孤辱在大夫其若之何稽首而對曰臣竭其股肱之力加之以忠貞其濟君之靈也不濟則以死繼之公曰何謂忠貞對曰公家之利知無不為忠也送往事居耦俱無猜貞也及里克將殺奚齊告息曰子將何如曰將死之里克曰無益也荀息曰吾與先君言矣不可以貳能欲復言

而愛身乎雖無益也將焉辟之九年十月里克殺奚齊于次息將死之人曰不如立卓子而輔之息立公子卓以葬十一月里克殺卓子于朝息死之君子曰詩所謂白圭之玷尚可磨也斯言之玷不可為也荀息有焉

周内史叔興

内史叔興周大夫也十六年隕石于宋五隕星也六鷁退飛過宋都風也叔興聘于宋宋襄公問焉曰是何祥也吉凶焉在曰今兹魯多大喪明年齊有亂君將得諸

侯而不終退而告人曰君失問是陰陽之事非吉凶所生也吉凶由人吾不敢逆君故也二十八年晉文公獻楚俘于王王享醴命晉侯宥王命叔興策命晉侯為侯伯賜之大路之服戎路之服彤弓一彤矢百玈弓矢千秬鬯一卣虎賁三百人曰王謂叔父敬服王命以綏四國糾逖王慝晉侯三辭從命曰重耳敢再拜稽首奉揚天子之休命受策以出出入三覲叔興告王曰晉不可不善也其君必霸不逆王命敬奉禮義王其善之王從

之使於晉者道相逮也及惠后之難王出在鄭晉侯納之

鄭叔詹

叔詹鄭伯之弟也齊桓公會于甯毋管仲曰鄭有叔詹堵叔師叔三良為政未可間也宋伐鄭楚成王救鄭敗宋公于泓鄭文夫人芉氏姜氏勞楚子于柯澤楚子使師縉示之俘馘君子曰非禮也婦人送迎不出門見兄弟不踰閾戎事不邇女器丁丑楚子入享于鄭夜出文芉送于軍取鄭二姬以歸叔詹曰楚王其不没乎為禮

卒於無别將何以没諸侯是以知其不遂霸也晉公子重耳出奔及鄭文公不禮焉叔詹諫曰臣聞之天之所啓人弗及也天其或者將建諸君其禮焉弗聽叔詹曰若不禮焉則請殺之公又弗聽及晉文公即位伐鄭鄭人以名寶行成晉不許曰予我詹而師退詹請往鄭伯弗許詹固請曰一臣可以赦百姓定社稷君何愛於臣也鄭人以詹予晉晉人將烹之叔詹曰殺身贖國忠也乃就烹據鼎耳而疾號曰自今以往知忠以事君者與

詹同乃命勿殺厚為之禮而歸之

晉慶鄭

慶鄭晉大夫也秦饑使乞糴於晉晉人弗與鄭曰背施無親幸災不仁貪愛不祥怒鄰不義四德皆失何以守國虢射父曰皮之不存毛將安傅弗聽初晉饑秦輸之粟秦饑晉閉之糴十五年秦伯伐晉晉惠公謂鄭曰寇深矣若之何對曰君實深之可若何公曰不孫卜右鄭吉弗使戰乘小駟鄭入也鄭曰古者大事必乘其產生

其水土知其人心安其教訓而服習其道唯所納之無不如志今乘異産以從戎事及懼而變將與人易亂氣狡憤陰血周作張脉僨興外彊中乾進退不可周旋不能君必悔之不聽九月戰于韓原晉戎馬還濘而止秦伯獲晉侯以歸及秦伯歸晉侯蛾析謂鄭曰盍行乎對曰臣而不臣行將焉入十一月晉侯歸殺鄭而後入

贊曰富辰不憾愎諫而能殺身以為君可謂仁矣親親仁也斯固富辰之所能為也宫之竒諫非不善也而其

言以曙廢孔子曰事君數斯辱矣宋襄公用鄫子于社
無人道矣而欲以仁義之戰屬諸侯此詩所謂志大心
勞求之者非道惜乎子魚之不為國也公羊謂文王之
戰不過此此文王唯不喜脯醢諸侯所以能征諸侯也
孔子曰信近於義言可復也獻公以奚齊託荀息荀息
以義折之亂庶乎沮不知出此區區以復言為信此與
尾生何異周內史博聞明識每有其人豈習於先王之
典邪丘明以晉文公不殺叔詹史以謂殺之傳之誤也

以文公之不殺寺人披知其必賢於詹也

春秋臣傳卷六

欽定四庫全書

春秋臣傳卷七

宋　王當　撰

僖公

晉子犯

子犯名偃狐突之子也文公之舅又曰舅犯為晉卿初公子重耳奔狄從者狐偃趙衰顛頡魏武子司空季子里克殺奚齊卓子使屠岸夷告重耳曰國亂民擾得國

在亂治民在擾子盍入乎吾請為子鉥重耳告舅犯對曰不可夫長國者唯知喜怒哀樂之節以導民今不哀喪而乘國難因亂以入不哀喪是必樂喪樂喪則哀生因亂以入則必喜亂喜亂則必怠德是喜怒哀樂之節易也何以導民重耳出見使者辭焉秦穆公乃使公子縶弔曰寡人聞之得國常於喪失國常於喪公子其圖之重耳告舅犯對曰不可父死不得與於哭泣之位其敢有他志以辱君義穆公乃先置公子夷吾過衞衞文

公不禮焉出於五鹿乞食於野人野人與之塊公子怒欲鞭之子犯曰天賜也稽首受而載之及齊齊桓公妻之公子安之姜曰行也懷與安實敗名先王安安而能遷與子犯謀醉而遣之過宋公孫固言於襄公曰晉公子亡長幼矣而好善不厭父事狐偃師事趙衰而長事賈佗狐偃其舅也而慧以有謀趙衰冈之弟也而文以忠貞賈佗公族也而多識以恭敬此三人者實左右之公子居則下之動則咨焉成幼而不倦殆有禮矣樹於

有禮必有艾襄公從之贈以馬二十乘過楚楚子玉請殺之戒王請止偃王曰不可於是懷公自秦逃歸秦伯召公子於楚二十四年秦伯納文公及河子犯以璧授公子曰臣負羈紲從君廵於天下臣之罪甚多矣請由此亡公子曰所不與舅氏同心者有如白水投其璧于河二月辛丑偃及秦晉之大夫盟于郇壬寅公子入二十五年秦伯師于河上將納王偃言於晉侯曰求諸侯莫如勤王諸侯信之且大義也繼文之業而信宣於諸

侯今為可矣晉侯辭秦師而下以師迎王王入于王城與之陽樊溫原攢茅之田晉於是始啟南陽晉侯始入而教其民二年欲用之子犯曰民未知義未安其居於是出定襄王以示之義入務利民民懷生矣將用之子犯曰民未知信未宣其用於是伐原以示之信公曰可矣子犯曰民未知禮未生其恭於是大蒐以示之禮作執秩以正其官民聽不惑而後用之出穀戍釋宋圍一戰而霸文之教也晉師侵曹又伐衛楚救曹衛子玉從

晉師晉師退軍吏曰以君辟臣辱也且楚師老矣何故退子犯曰師直為壯曲為老豈在久乎微楚之惠不及此退三舍辟之所以報也背惠食言以亢其讎我曲楚直其衆素飽不可謂老我退而楚還我將何求若其不還君退臣犯曲在彼矣退三舍楚衆欲止子玉不可四月戊辰晉侯次于城濮大敗楚師

晉趙成子

趙成子名衰字子餘晉卿也耿大夫之弟也初從公子

重耳如秦子餘曰欲人之愛已也必先愛人欲人之從已也必先從人云云秦伯享公子如饗國君之禮子餘相如賓卒事秦伯謂其大夫曰為禮而不中恥也中不勝貌恥也華而不實恥也不度而施恥也施而不濟恥也恥門不閉不可以封非此用師則無所矣二三子敬乎明日燕公賦采菽子餘使公子賦黍苗子餘曰重耳之仰君猶黍苗之仰陰雨也若君實庇廕膏澤之使能嘉穀薦在宗廟君之力也晉侯圍原命三日之糧原不

降命去之諜出曰原將降矣軍吏曰請待之公曰信國之寶也民之所庇也得原失信何以庇之所亡滋多矣退一舍而原降使衰為原大夫晉侯問原守於寺人勃鞮曰昔趙衰以壺飧從徑餒而弗食故使處原二十七年蒐于被廬作三軍謀元帥衰曰郤穀可臣亟聞其言矣說禮樂而敦詩書詩書義之府也禮樂德之則也德義利之本也乃使郤穀將中軍命衰為上卿辭曰三德者偃之出也以德紀民其章大矣不可廢也使狐偃辭

曰毛之智賢於臣又齒長乃使狐毛將上軍狐偃佐之又使衰為下卿辭曰欒枝正愼先軫有謀胥臣多聞皆可以為輔佐臣弗若也乃使欒枝將下軍胥臣佐之郤縠卒先軫代之狐毛卒復使衰代之辭曰城濮之戰先且居之佐軍也善乃使先且居將上軍公曰趙衰三遜社稷之衛也廢遜是廢德也

晉臼季

臼季晉大夫胥臣也亦曰司空季子文公之奔臼季從

焉適秦秦伯歸女五人懷嬴與焉公子使秦匜沃盥既而揮之怒曰秦晉匹也何以卑我公子懼欲辭司空季子曰同姓為兄弟黃帝之子二十五人其同姓者二人而已唯青陽與夷鼓為己姓青陽方雷氏之甥也夷鼓彤魚氏之甥也其同生而異姓者四母之别為十二姓凡黃帝之子二十五宗其得姓者十四為十二姓姬酉祁已滕蔵任茍僖姞儇依是也唯青陽與蒼林氏同于黃帝故皆為姬姓同德之難如是故少典娶于有蟜氏

生黄帝炎帝黄帝以姬水成炎帝以姜水成成而異德故黄帝為姬炎帝為姜二帝用師以相濟也異德之故也異姓男女相及以生民也同姓畏黷黷則生怨故娶妻避其同姓今子與子圉道路之人也娶其所棄以濟大事不亦可乎乃歸女而納幣且逆之文公學讀書於臼季三日曰吾不能行也咫聞則多矣對曰然多聞以待能者不猶愈也文公問於胥臣曰吾欲陽處父傅讙也而教誨之其能善之乎對曰是在讙也蘧蒢不可使

俯戚施不可使仰僬僥不可使舉侏儒不可使援矇瞽不可使視嚚瘖不可使言聾聵不可使聽童昏不可使謀質將善而賢良贊之則濟可竣臣聞昔者大任娠文王不加病馬文王在母不憂在傅不勤處師不煩事王不怒孝友二號而慈惠二蔡刑于太姒比于兄弟及其即位也詢于八虞而咨于二號度于閎夭而謀于南宮諏于蔡原而訪于辛尹重以周召畢榮億寧百神而和柔萬民非專教誨之力也公曰柰夫八疾何對曰官師

之所材也戚施直鎛蘧蒢蒙璆侏儒扶盧矇瞍修聲聾聵司火童昏嚚瘖僬僥官師之所不材也以實裔土夫教者因體能質而利之者也三十三年晉侯敗狄于箕郤缺獲白狄子初臼季過冀見冀缺耨其妻饁之敬相待如賓與之歸言諸文公曰敬德之聚也能敬必有德德以治民君請用之臣聞出門如賓承事如祭仁之則也公曰其父有罪可乎對曰舜之罪也殛鯀其舉也興禹管敬仲桓之賊也實相以濟文公以為下軍大夫反

自箕襄公以再命命先茅之縣賞胥臣曰舉郤缺子之功也以一命命郤缺為卿復與之冀文公五年胥臣卒

晉韓簡

韓簡晉大夫也韓萬之孫曲沃桓叔生萬萬受韓為大夫故曰韓氏初晉獻公筮嫁伯姬於秦史蘇占之曰不吉及惠公在秦曰先君若從史蘇之占吾不及此夫簡侍曰龜象也筮數也物生而後有象象而後有滋滋而後有數先君之敗德及可數乎史蘇是占勿從何益

晉先軫

先軫晉卿也邑于原又曰原軫秦師襲鄭軫曰秦違蹇叔而以貪勤民天奉我也奉不可失敵不可縱縱敵患生違天不祥一日縱敵數世之患也遂發命遽與姜戎子墨衰絰敗秦師于殽獲孟明視西乞術白乙丙以歸文嬴請三帥曰彼實構吾二君寡君若得而食之不厭使歸就戮于秦若何公許之先軫朝問秦因公曰夫人請之吾舍之矣軫怒曰武夫力而拘諸原婦人暫而免

諸國隳軍實而長寇讎亡無日矣不顧而唾公使陽處父追之不及狄伐晉軫曰匹夫逞志於君而無討敢不自討乎免胄入狄師死焉狄人歸其元面如生

晉魏犨

魏犨晉大夫也是為魏武子祖曰畢萬公子重耳之奔狄武子從焉晉文公及曹僖負羈言於曹伯曰晉公子在此君之匹也不亦禮乎臣聞之禮賓務窮禮之宗也禮以紀政國之常也失常不立君所知也玉帛酒食猶

糞土也愛糞土以毀三常無乃不可乎公不聽曹共公聞其駢脅欲觀其裸浴僖負羈之妻曰吾觀晉公子之從者皆足以相國若反其國必得志於諸侯而誅無禮曹其首也子盍早自貳焉乃饋盤飧寘璧焉公子受飧反璧二十八年二月晉侯圍曹三月入曹令無入僖負羈之宮而免其族報施也魏犫顛頡怒曰勞之不圖報於何有遂爇僖負羈氏晉侯欲殺犫而愛其材乃舍之殺顛頡以徇于師城濮之戰晉中軍風于澤亡大旆

之左蒴祁瞞奸命司馬殺之以狥于諸侯師還濟河舟之僑先歸秋七月振旅愷以入殺之僑以徇于國民於是大服君子謂文公其能刑矣三罪而民服犨子顆事

晉景公宣公十五年秦桓公伐晉次輔氏獲杜回秦之力人也初武子有嬖妾無子武子疾命顆曰必嫁是疾病則曰必以為殉及卒顆嫁之曰疾病則亂吾從其治也及輔氏之役顆見老人結草以亢杜回躓故獲之夜夢之曰余爾所嫁婦人之父也爾用先人之治命余以

是報顆之子頡是曰令狐文子景公使為卿曰昔克潞之役秦來圖敗晉功魏顆以其身却退秦師于輔氏親獲杜回其勳銘於景鐘至於今不忘其子不可不興也

晉呂甥

呂甥姓瑕名飴甥字子金食采於陰秦之獲晉惠公將許之平陰飴甥會秦伯盟于王城秦伯曰晉國和乎對曰不和小人恥失其君而悼喪其親不憚征繕以立圉也曰必報讎寧事戎狄君子愛其君而知其罪不憚征

繕以待秦命曰必報德有死無二以此不和秦伯曰國謂君何對曰小人慼謂之不免君子恕以為必歸小人曰我毒秦秦豈歸君君子曰我知罪矣秦必歸君貳而執之服而舍之德莫厚焉刑莫威焉服者懷德貳者畏刑此一役也秦可以霸納而不定廢而不立以德為怨秦不其然秦伯曰是吾心也攺館晉侯饋七牢焉

晉介之推

介之推晉隱士也初從文公出亡文公入賞從亡者及

功臣大者封邑小者尊爵未至之推推不言禄禄亦不及推曰獻公之子九人唯君在矣惠懷無親外内棄之天未絶晉必將有主主晉祀者非君而誰天實開之二三子以爲已力不亦誣乎竊人之財猶謂之盜況貪天之功以爲已力乎下義其罪上賞其姦上下相蒙難與處矣其母曰盍亦求之以死誰懟對曰尤而效之罪又甚焉且出怨言不食其食其母曰亦使知之若何對曰言身之文也身將隱焉用文之是求顯也其母曰能如

是乎與汝偕隱至死不復見推從者憐之乃懸書公門曰龍欲上天五蛇為輔龍已升雲四蛇各入其宇一蛇獨怨終不見處所文公出見其書曰此介之推也吾方憂王室未圖其功使人召之則亡遂求所在聞其入緜上山中於是文公環緜上山中而封之以為介之推田號曰介山以志吾過且旌善人時從亡賤臣壺叔曰君三行賞賞不及臣臣請罪文公報曰夫導我以仁義防我以德惠此受上賞輔我以行卒以成立此受次賞矣

石之難汗馬之勞此復受次賞若以力事我而無補吾鈌者此又次賞三賞之後故且及子晉人聞之皆說

贊曰從亡之士若狐趙之忠烈臼季之舉賢可謂善始善終者矣子犯濟河而投璧猶有要君之意焉此介推所以羞與爲比也成子家國皆讓宜其興也先軫勇而有謀殆所謂赳赳武夫者也

春秋臣傳卷七

欽定四庫全書

春秋臣傳卷八

宋　王當　撰

僖公

晉郤成子

郤成子名缺晉卿也父芮誅缺耕于冀胥臣舉之以為下軍大夫晉侯敗狄于箕缺獲白狄子公以一命命缺為卿復與之冀宣十一年秋會于攢函衆狄服也是行

也諸大夫欲召狄成子曰吾聞之非德莫如勤非勤何以求人能勤有繼其從之也詩曰文王既勤止文王猶勤況寡德乎初成子求成于衆狄衆狄疾赤狄之役遂服于晉文十四年鈌師師革車八百乘納接菑于邾婁力沛若有餘而納之邾婁人曰接菑晉出也貜且齊出也若以其指則接菑也四貜且也六子以大壓之則未知齊晉孰有之也貴則皆貴矣雖然貜且也長鈌曰非吾不能納也義實不爾克也引師而去之君子大其弗

克納也宣八年晉胥克有蠱疾郤缺為政秋廢胥克使
趙朔佐下軍文七年郤缺言於趙宣子曰日衛不睦故
取其地今已睦矣可以歸之叛而不討何以示威服而
不柔何以示懷非威非懷何以示德無德何以主盟子
為正卿以主諸侯而不務德將若之何夏書曰九功之
德皆可歌也若吾子之德莫可歌也其誰來之盍使睦
者歌吾子乎

衛甯武子

甯武子名俞衛卿也踐土之盟衛侯出奔元咺奉叔武入守及晉人復衛侯武子與國人盟于宛濮曰天禍衛國君臣不協以及此憂也今天誘其衷使皆降心以相從也不有居者誰守社稷不有行者誰捍牧圉不協之故用昭乞盟于爾大神以誘天衷自今以往既盟之後行者無保其力居者無懼其罪有渝此盟以相及也明神先君是糾是殛國人聞此盟也而後不貳初晉文公使醫衍酖衛侯俞貨醫使薄其酖不死僖公為之請納

玉於王及晉侯皆十穀王許之乃釋衛侯三十一年冬狄伐衛遷于帝丘卜曰三百年成公夢康叔曰相奪予享公命祀相武子曰不可鬼神非其族類不歆其祀杞鄫何事相之不享於此久矣非衛之罪也不可以閒成王周公之命祀請改祀命文公四年武子來聘公與之燕為賦湛露及彤弓不辭又不荅賦使行人私焉對曰臣以為肄業及之也昔諸侯朝正於王王燕樂之於是乎賦湛露則天子當陽諸侯用命也諸侯敵王所愾而

獻其功王於是賜之彤弓一彤弓百玈矢千以覺報宴

今陪臣來繼舊好君辱貺之其敢干大禮以自取戾

秦公孫枝

公孫枝字子桑秦大夫也十三年冬晉荐饑使乞糴于

秦秦伯謂子桑與諸乎對曰重施而報君將何求重施

而不報其民必攜攜而討焉無衆必敗秦於是輸粟于

晉自雍及絳相繼命之曰汎舟之役明年冬秦饑使乞

糴于晉晉人弗與秦伯伐晉戰于韓原獲晉侯以歸欲

殺之子桑曰不可晉未可滅而殺其君祗以成惡且史佚有言曰無始禍無怙亂無重怒重怒難任陵人不祥乃許晉平遂歸晉侯是歲晉又饑秦又餼之粟曰吾怨其君而矜其民且吾聞唐叔之封也箕子曰其後必大晉其庸可冀乎姑樹德焉以待能者穆公之用百里孟明子桑之舉也君子謂之能舉善

秦孟明

百里孟明名視秦大夫百里奚之子也秦違蹇叔之言

發師襲鄭晉人與姜戎敗秦師于殽匹馬隻輪無反者獲百里孟明以歸文嬴為之請於晉侯晉侯舍之及還秦伯素服郊次嚮師而哭曰孤違蹇叔之言以辱二三子孤之罪也不替孟明孤之過也大夫何罪且吾不以一眚掩大德秦大夫及左右皆言於秦伯曰是敗也孟明之罪也必殺之秦伯曰孤實貪以禍夫子夫子何罪使復為政文公二年春孟明伐晉以報殽之役二月晉侯禦之戰于彭衙秦師敗績晉人謂秦拜賜之師秦伯

猶用孟明孟明增修國政重施於民趙成子曰秦師又至將必辟之懼而增德不可當也詩曰無念爾祖聿修厥德孟明念之矣念德不怠其可敵乎三年秦伯伐晉濟河焚舟取王官及郊晉人不出遂自茅津濟封殽尸而還遂霸西戎用孟明也君子謂秦穆公之為君也舉人之周也與人之壹也孟明之為臣也其不解也能懼思也子桑之忠也其知人也能舉善也詩曰于以采蘩于沼于沚于以用之公侯之事秦伯有焉夙夜匪懈以

事一人孟明有焉詒厥孫謀以燕翼子子桑有焉

楚成得臣

成得臣字子玉楚令尹若敖之後也事成王晉公子重耳及楚楚子饗之曰公子若反晉國則何以報不榖對曰若以君之靈得反晉國晉楚治兵遇於中原其辟君三舍若不獲命則左執鞭弭右屬櫜鞬以與君周旋子玉請殺之楚子曰晉公子廣而儉文而有禮其從者肅而寬忠而能力吾聞姬姓唐叔之後其後衰者也其將

由晉公子乎天將啟之誰能廢之違天者必有大咎楚子圍宋明年春晉侯伐衛楚人又救衛楚子入居于申使申叔去穀使子玉去宋曰無從晉師晉侯在外十九年矣而果得晉國險阻艱難備嘗之矣民之情偽盡知之矣天假之年而除其害天之所置其可廢乎子玉使請戰從晉師晉師退三舍楚衆欲止子玉不可復使請戰曰請與君之士戲君馮軾而觀之得臣與寓目焉晉車七百乘韅靷鞅靽晉侯登有莘之虚以觀師曰少長

有禮其可用也師陳于華北楚師敗績晉師三日館穀楚王使謂子玉曰大夫若入其如申息之老何及連穀而死

魯公子遂

公子遂字襄仲慶父之子也曰東門氏文二年如齊納幣禮也凡君即位好舅甥修昏姻娶元妃以奉粢盛孝也孝禮之始也十六年公使襄仲納賂于齊懿公故盟于郪明年如齊拜穀之盟復曰臣聞齊人將食魯之

麥以臣觀之將不能齊君之語偷臧文仲有言曰民主偷必死宣元年書公子遂如齊逆女稱族尊君命三月遂以夫人婦姜至自齊舍族尊夫人也八年六月如齊至黄乃復辛巳卒于垂是日有事于太廟壬午猶繹萬入去籥

贊曰胥臣之舉郤缺郤缺之廢胥克庶乎愛而知其惡憎而知其善者也終之胥臣畜怨禍延三郤故知喜怒以類者鮮矣管仲奪伯氏得不為賢哉甯武子之守義

執禮何其知也至衛侯之出而能屈身以全君此孔子所謂其愚不可及也子玉子反之喪師固有餘責然孟明荀伯之敗而秦晉宥之子玉子反之敗而楚殺之此霸之所以分也邲殽之敗以君勤遠略而將各有心非專二子之罪也然非子桑貞子之言亦無以收後效古之進賢受上賞不亦宜乎楚無二臣之言而加以子反子重之責祗足以速其死楚眞蠻夷哉

春秋臣傳卷八

欽定四庫全書

春秋臣傳卷九

宋 王當 撰

僖公

魯展禽

展禽名獲展無駭之後也食采于柳下謚曰惠二十六年齊人伐我北鄙臧文仲曰國急矣願以子之辭行賂焉其可乎乃使展喜犒師受命于展禽曰寡君聞君親

舉玉趾將辱於敝邑使下臣犒執事齊侯曰魯人恐乎對曰小人恐矣君子則否齊侯曰室如懸罄野無青草何恃而不恐對曰恃先王之命昔周公太公股肱周室夾輔成王成王勞之而賜之盟曰世世子孫無相害也載在盟府太師職之桓公是以糾合諸侯而謀其不協彌縫其闕而匡救其災昭舊職也及君即位諸侯之望曰其率桓之功我敝邑用不敢保聚豈其嗣世九年而棄命廢職其若先君何君必不然恃此以不恐齊侯乃

還海鳥曰爰居止於魯東門之外三日臧文仲使國人
祭之展禽曰越哉臧孫之為政也夫祀國之大節而節
政之所成也故慎祭祀以為國典今無故而加典非政
之宜也夫聖人之制祀也法施於民則祀之以死勤事
則祀之以勞定國則祀之能禦大災則祀之能捍大患
則祀之非此族也不在祀典昔烈山氏之有天下也其
子曰柱能殖百穀百蔬夏之興也周棄繼之故祀以為
稷共工氏之伯九有也其子曰后土能平九土故祀以

為社黄帝能成命百物以明民共財顓頊能修之帝嚳能序三辰以固民堯能單均刑法以儀民舜勤民事而野死鯀鄣洪水而殛死禹能以德修鯀之功契為司徒而民輯冥勤其官而水死文王以文昭武王去民之穢故有虞氏禘黄帝而祖顓頊郊堯而宗舜夏后氏禘黄帝而祖顓頊郊鯀而宗禹商人禘舜而祖契郊冥而宗湯周人禘嚳而郊稷祖文王而宗武王幕能帥顓頊者也有虞氏報焉杼能帥禹者也夏后氏報焉上甲微能

帥契者也商人報焉高圉太王能帥稷者也周人報焉凡禘郊宗祖報此五者國之典祀也及前哲令德之人所以為明質也及天之三辰民所以瞻仰也及地之五行所以生殖也及九州名山川澤所以出財用也非是不在祀典今兹海其有災乎夫廣川之鳥獸恒知避其災也是歲也海多大風冬暖文仲聞柳下季之言曰信吾過矣季子之言不可不法也使書以為三筴躋僖公展禽曰夏父弗忌必有殃夫宗有司之言順矣僖又未

有明焉犯順不祥以逆訓民亦不祥易神之班亦不祥不明而躋之亦不祥犯鬼道二犯人道二能無殃乎孟子所謂聖之和是也

周王孫滿

王孫滿周大夫也三十三年秦師襲鄭過周北門左右免冑而下超乘者三百乘滿尚幼觀之言於王曰秦師輕而無禮輕則寡謀無禮則脫入險而脫又不能謀能無敗乎卒敗于殽宣公三年楚莊王伐陸渾之戎遂至

于雒觀兵于周疆定王使滿勞楚子楚子問鼎之大小輕重焉對曰在德不在鼎夏之方有德也遠方圖物貢金九牧鑄鼎象物百物為之備使民知神姦故民入川澤山林不逢不若魑魅魍魎莫能逢之用能協于上下以承天休桀有昏德鼎遷于商載祀六百商紂暴虐鼎遷于周德之休明雖小重也其姦回昏亂雖大輕也天祚明德有所厎止成王定鼎于郟鄏卜世三十卜年七百天所命也周德雖衰天命未改鼎之輕重未可問也

周公閲者周冢宰也與滿同時三十年天王使宰周公來聘饗有昌歜白黑形鹽辭曰國君文足昭也武可畏也則有備物之享以象其德薦五味羞嘉穀鹽虎形以獻其功吾何以堪之文公十四年閲與王孫蘇爭政訟于晉王叛王孫蘇而使尹氏與聃啓訟周公于晉晉趙宣子平王室而復之

晉荀林父

荀林父字伯晉卿也是為中行桓子二十八年始將中

行故以為氏宣公十二年春楚子圍鄭三月克之鄭襄公肉袒牽羊以迎請命左右曰不可許也王曰其君能下人必能信用其民矣退三十里而許之乎六月晉師救鄭林父將中軍先縠佐之晉師在敖鄗之間楚子使求成于晉晉人許之盟有日矣楚許伯御樂伯攝叔為右以致晉師許伯曰吾聞致師者御靡旌靡壘而還攝叔曰吾聞致師者右入壘折馘執俘而還皆行其所聞而復晉逐之左右角之楚人左射馬右射人角不能進

趙旃怒失楚之致師者遂請戰楚子為乘廣三十乘分為左右右廣雞鳴而駕日中而說左則受之日入而說乙卯王乘左廣以逐趙旃旃棄車而走桓子不知所為鼓于軍中曰先濟者有賞中軍下軍爭舟舟中之指可掬也及昏楚師軍于邲晉之餘師不能軍宵濟故書曰晉荀林父帥師及楚師戰于邲晉師敗績晉師歸桓子請死景公欲許之士貞子諫晉侯使復其位十四年夏晉師伐鄭為邲故也告於諸侯蒐焉而還桓子之謀也

先是赤狄伐晉及清十五年六月林父賂赤狄滅潞以潞子嬰兒歸晉侯賞桓子狄臣千室子庚嗣是曰宣子

晉陽處父

陽處父晉大夫也為太傅三十三年晉侵蔡楚子上救之與晉師夾泜而軍陽子患之使謂子上曰吾聞文不犯順武不違敵子若欲戰則吾退舍子濟而陳遲速唯命不然紓我老師費財亦無益也乃駕以待楚子紓之陽子宣言曰楚師遁矣遂歸楚師亦歸文六年晉蒐于

夷舍二軍使狐射姑將中軍趙盾佐之處父至自温改蒐于董易中軍陽子成季之屬也故黨於趙氏且謂盾能曰使能國之利也是以上之賈季怨陽子之易其班也九月使續鞫居殺處父書曰晉殺其大夫侵官也初處父聘于衛反過甯甯嬴曰吾求君子久矣乃今得之舉而從之陽子道與之語及温而還其妻問之嬴曰以剛商書曰沈潛剛克高明柔克夫子壹之其不没乎天為剛德猶不干時況在人乎吾見其貌而欲之聞其言

而惡之夫貌情之華也言貌之機也合而後行離則有釁今陽子之貌濟其言匱非其實也華而不實怨之所聚也犯而聚怨不可以定身吾懼不獲其利而罹其害是以去之

魯公孫敖

公孫敖魯卿也是為穆伯父曰慶父字共仲桓公庶長也故曰孟孫氏文公元年春天王使内史叔服來會葬公孫敖聞其能相人也見其二子焉叔服曰穀也食子

難也叔子穀也豐下必有後於魯國文八年冬如周弔喪不至以幣奔莒從已氏焉十四年卒初穆伯之從已氏也魯人立文伯文伯穀也是為孟文子文公欲弛文子之宅使謂之曰吾欲利子於外之寛者對曰夫位政之建也署位之表也車服表之章也宅章之次也禄次之食也君議五者以建政為不易之道也今有司來命易臣之署與其車服而曰將易而次為寛利也夫署所以朝夕虔君命也臣立先臣之署服其車服為利故而

易其次是辱君命也不敢聞命若罪也則請納祿與車服而違署唯里人所命公弗取臧文仲聞之曰孟孫善守矣其可以蓋穆伯而守其後於魯乎

贊曰柳下惠之聖非孟子不能知而仲尼所以深責臧文仲者以文仲之知足以知其賢也若衆人則固不足責矣王孫滿機慮發於奸萌從容片言杜問鼎之謀賢矣哉冢宰職謹四海而周公閱爭權嚚訟下取決於諸侯之卿周室其卑矣處父以下干上亦足以殺其軀也

春秋臣傳卷九

春秋臣傳卷十

宋　王當　撰

文公

晉范武子

范武子晉卿士會也字季士蔿之孫士蔿生成伯成伯生武缺武缺生士會佐文襄靈成景始以士為氏及食邑於隨故名字謚著隨後受范更曰范氏文公七年趙

宣子背先蔑立靈公敗秦師于令狐先蔑奔秦士會從之士會在秦三年不見士伯其人曰能亡人於國不能見於此焉用之士季曰吾與之同罪非義之也將何見焉及歸遂不見文十二年河曲之戰秦伯謂士會曰若何而戰對曰趙氏新出其屬曰臾駢必實為此謀將以老我師也趙有側室曰穿晉君之壻也有寵而弱不在軍事好勇而狂且惡臾駢之佐上軍也若使輕者肆焉其可十三年趙宣子曰隨會在秦賈季在狄難日至矣

若之何中行桓子曰請復賈季郤成子曰不如隨會乃使魏壽餘僞以魏叛以誘士會秦伯許之履士會之足於朝秦伯師于河西魏人在東壽餘曰請東人之能與夫二三有司言者吾與之先使士會士會曰晉人虎狼也若背其言臣死妻子為戮無益於君不可悔也秦伯曰若背其言所不歸爾帑者有如河乃行繞朝贈之以策曰子無謂秦無人吾謀適不用也既濟魏人譟而還秦人歸其帑其處者為劉氏靈公之殺宰夫也趙盾士

季悼之將諫士季曰諫而不入則莫之繼也會請先不入則子繼之三進及溜而後視之曰吾知所過矣將改之稽首而對曰人孰無過過而能改善莫大焉詩曰靡不有初鮮克有終夫如是則能補過者鮮矣君若有終則社稷之固也豈惟羣臣頼之又曰衮職有闕惟仲山甫補之能補過也君能補過衮不廢矣卒不改宣三年晉成公伐鄭及郔鄭及晉平會入盟十二年楚圍鄭晉人救鄭及河聞鄭既及楚平荀桓子欲還武子曰善會

聞用師觀釁而動德刑政事典禮不易不可敵也楚軍昔歲入陳今兹入鄭民不罷勞君無怨讟政有經矣荆尸而舉商農工賈不敗其業而卒乘輯睦事不奸矣蔿敖為宰擇楚國之令典軍行右轅左追蓐前茅慮無中權後勁百官象物而動軍政不戒而備能用典矣其君之舉也内姓選於親外姓選於舊舉不失德賞不失勞老有加惠旅有施舍君子小人物有服章貴有常尊賤有等威禮不逆矣若之何敵之見可而進知難而退軍

之善政也兼弱攻昧武之善經也子姑整軍而經武乎猶有弱而昧者何必楚彘子曰不可晉師終敗于邲十六年春會帥師滅赤狄甲氏及留吁鐸辰三月獻狄俘晉侯請于王戊申以黻冕命士會將中軍且為太傅於是晉國之盜逃奔于秦羊舌職曰禹稱善人不善人遠此之謂也詩曰戰戰兢兢如臨深淵如履薄冰善人在上也善人在上則國無幸民諺曰民之多幸國之不幸也是無善人之謂也冬晉侯使會平王室定王享之原

襄公相禮殽烝武子私問其故王聞之召武子曰季氏而弗聞乎王享有體薦宴有折俎公當享卿當宴王室之禮也武子歸而講求典禮以修晉國之法十七年武子請老郤獻子為政宋之盟楚子木問於趙孟曰范武子之德何如對曰夫子之家事治言於晉國無隱情其祝史陳信於鬼神無愧辭子木歸以語王王曰尚矣哉能歆神人宜其光輔五君以為盟主也子燮魴燮有傳魴是為彘季悼公以為卿曰武子之季文子之母弟也

武子宣法以定晉國至於今是用文子勤身以定諸侯至於今是賴夫二子之德其可忘乎故以𦎫季平其宗

初叔向告趙文子曰隨武子納諫不忘其師言身不失其友事君不援而進不可而退孔子亦謂子貢曰其事君也不敢愛其死然亦不敢忘其身謀其身不遺其友君諫則進而用之不諫則行而退蓋武子之行也

晉韓獻子

韓獻子名厥晉卿也韓萬之玄孫子輿之子趙宣子言

於靈公以為司馬河曲之役趙孟使人以乘車干行獻子執而戮之衆咸曰韓厥必不沒矣其主朝升之而暮戮其車其誰安之宣子召而禮之曰吾聞事君者比而不黨夫周以舉義比也舉以其私黨也吾言汝於君懼汝不能也舉而不能黨孰大焉事君而黨吾何以從政吾故以是觀汝汝勉之苟從是行也長晉國者非汝而誰皆告諸大夫曰二三子可賀我矣吾舉厥也而中吾乃今知免於罪矣成公六年晉人謀去故絳諸大夫皆

曰必居郇瑕氏之地沃饒而近鹽國利君樂不可失也

獻子曰不可郇瑕氏土薄水淺其惡易覯易覯則民愁

民愁則墊隘於是有沈溺重膇之疾不如新田土厚水

深居之不疾有汾澮以流其惡且民從教十世之利也

夫山澤林鹽國之寶也國饒則民驕佚近寶公室乃貧

不可謂樂公悅從之四月丁丑晉遷于新田欒書中行

偃之執厲公也召厥厥辭曰古人有言曰殺老牛莫之

敢尸而況君乎二三子不能事君安用厥也中行偃欲

攻之欒書曰不可其身果而辭順順無不行果無不徹
犯順不祥伐果不克乃止十八年悼公即位冬楚伐宋
華元告急獻子為政曰欲求得人必先勤之成霸安疆
自宋始矣晉救宋楚子遂還襄公七年十月獻子告老
公族穆子有廢疾將立之辭曰詩云豈不夙夜謂行多
露又曰弗躬弗親庶民弗信無忌不才讓其可乎請立
起也與田蘇游而曰好仁詩曰靖共爾位好是正直神
之聽之介爾景福恤民為德正直為正正曲為直參和

為仁如是則神聽之介福降之立之不亦可乎庚戌使宣子朝獻子遂老晉侯謂無忌仁使掌公族大夫獻子雖老晉之大政從洛焉立趙文子厥之力也無忌卒子襄嗣為公族大夫

魯季文子

季文子魯卿季孫行父也季友之孫是為季孫十五年秋齊人侵我西鄙文子告于晉齊懿公謂諸侯不能也遂伐曹入其郛討其來朝也文子曰齊侯其不免乎已

則無禮而討於有禮者曰女何故行禮禮以順天天之道也已則反天而又以討人難以免矣詩曰胡不相畏不畏于天君子之不虐幼賤畏於天也在周頌曰畏天之威于時保之不畏于天將何能保以亂取國奉禮以守猶懼不終多行無禮弗能在矣十八年莒紀公生太子僕又生季佗愛季佗而黜僕且多行無禮於國僕因國人以弑紀公以其寶玉來奔納諸宣公公命與之邑曰今日必授文子使司寇出諸竟曰今日必達公問其

故文子使太史克對曰先大夫臧文仲教行父事君之
禮行父奉以周旋弗敢失墜曰見有禮於其君者事之
如孝子之養父母也見無禮於其君者誅之如鷹鸇之
逐鳥爵也先君周公制周禮曰則以觀德德以處事事
以度功功以食民作誓命曰毀則為賊掩賊為藏竊賄
為盜盜器為姦主藏之名賴姦之用為大凶德有常無
赦在九刑不忘行父還觀莒僕莫可則也孝敬忠信為
吉德盜賊藏姦為凶德夫莒僕則其孝敬則弒君父矣

則其忠信則竊寶玉矣其人則盜也其器則姦兆也保而利之則主藏也以訓則昏民無則焉不度於善而皆在於凶德是以去之昔高陽氏有才子八人蒼舒隤敳檮戭大臨尨降庭堅仲容叔達齊聖廣淵明允篤誠天下之民謂之八愷高辛氏有才子八人伯奮仲堪叔獻季仲伯虎仲熊叔豹季貍忠肅共懿宣慈惠和天下之民謂之八元此十六族也世濟其美不隕其名以至於堯堯不能舉舜臣堯舉八愷使主后土以揆百事莫不

時序地平天成舉八元使布五教于四方父義母慈兄友弟恭子孝內平外成昔帝鴻氏有不才子掩義隱賊好行凶德醜類惡物頑嚚不友是與比周天下之民謂之渾敦少皥氏有不才子毀信廢忠崇飾惡言靖譖庸回服讒蒐慝以誣盛德天下之民謂之窮奇顓頊氏有不才子不可教訓不知話言告之則頑舍之則嚚傲很明德以亂天常天下之民謂之檮杌此三族也世濟其凶增其惡名以至于堯堯不能去縉雲氏有不才子貪

于飲食冒于貨賄侵欲崇侈不可盈厭聚斂積實不知紀極不分孤寡不恤窮匱天下之民以比三凶謂之饕餮舜臣堯賓于四門流四凶族投諸四裔以禦螭魅是以堯崩天下如一同心戴舜以為天子以其舉十六相去四凶也故虞書數舜之功曰慎徽五典五典克從無違教也曰納于百揆百揆時序無廢事也曰賓于四門四門穆穆無凶人也舜有大功二十而為天子今行父雖未獲一吉人去一凶人矣於舜之功二十之一也庶幾

免於戾乎成公二年行父帥師敗齊師于鞌齊人歸我汶陽田四年夏公如晉景公見公不敬文子曰晉侯必不免詩曰敬之敬之天惟顯思命不易哉夫晉侯之命在諸侯矣可不敬乎六年二月文子以鞌之功立武宫非禮也聽於人以救其難不可以立武立武由已非由人也齊侯敗于鞌而歸弔死視疾七年不飲酒不食肉晉侯聞之曰嘻柰何使人之君七年不飲酒不食肉請皆反其所侵地八年春晉侯使韓穿來言汶陽之田歸

之于齊文子餞之私焉曰大國制義以為盟主是以諸侯懷德畏討無有貳心謂汶陽之田敝邑之舊也而用師於齊使歸諸敝邑今有二命曰歸諸齊信以行義義以成命小國所望而懷也信不可知義無所立四方諸侯其誰不解體詩曰女也不爽士貳其行士也罔極二三其德七年之中一與一奪二三孰甚焉士之二三猶喪配偶而況霸主霸主將德是以而二三之其何以長有諸侯乎詩曰猶之未遠是用大簡行父懼晉之不遠

猶而失諸侯也是以敢私言之鄢陵之戰公出于壞隤
晉侯不見公將執公行父曰臣有罪執其君子有罪執
其父此聽失之大者也今此臣之罪也舍臣之身而執
臣之君吾懼聽失之為宗廟羞也九月晉人執文子于
苕丘公還使聲伯請季孫于晉范文子曰季孫於魯相
二君矣妾不衣帛馬不食粟可不謂忠乎許魯平赦季
孫襄五年十二月卒大夫入斂公在位宰庀家器為備
葬無衣帛之妾無食粟之馬無藏金玉無重器備君子

是以知季文子之忠於公室也相三君矣而無私積可不謂忠乎子宿嗣有傳

晉解揚

解揚晉大夫也文八年晉侯使解揚歸匡戚之田于衛且復致公壻池之封自申至于虎牢之境宣公十五年春公孫歸父會楚莊王圍宋宋人使樂嬰齊告急于晉晉使解揚如宋使無降楚曰晉師悉起將至矣鄭人囚而獻諸楚楚子厚賂之使反其言不許三而許之登諸

樓車使呼宋人而告之遂致其君命楚子將殺之使與之言曰爾既許不穀而反之何故非我無信女則棄之速即爾刑對曰臣聞之君能制命為義臣能承命為信信載義而行之為利謀不失利以衛社稷臣之主也義無二信信無二命君之賂臣不知命也受命以出有死無霣又可賂乎臣之許君以成命也死而成命臣之禄也寡君有信臣下臣獲考死又何求楚子舍之以歸

魯叔孫得臣

叔孫得臣魯卿莊叔也祖叔牙是曰僖叔桓公之子叔牙賜酖死季友立其後為叔孫氏也元年天王使毛伯衛來錫公命得臣如周拜公如晉及晉侯盟晉侯饗公賦菁菁者莪莊叔以公降拜曰小國受命於大國敢不慎儀君貺之以大禮何樂如之抑小國之樂大國之惠也晉侯降辭登成拜公賦嘉樂十一年鄋瞞伐我冬十月得臣敗狄于鹹獲長狄僑如長狄兄弟三人泆宕中國瓦石不能害得臣最善射射其目身横九畝斷其首

而載之眉見于軾鄋瞞長狄之種防風氏之後宣五年

辛子僑如嗣有傳

晋狐射姑

狐射姑字季佗狐偃之子也食於賈亦曰賈季文公之

出賈佗從焉文公以長事之為太師文六年初晋侯使

射姑將中軍趙盾佐之陽處父曰古者君之使臣也使

仁者佐賢者不使賢者佐仁者今趙盾賢射姑仁其不

可乎襄公乃使盾將中軍以射姑佐之賈季怨陽子之

易其班也乃使殺陽處父遂奔狄趙盾使臾駢送其帑

臾之蒐賈季戮臾駢臾駢之人欲盡殺賈氏以報焉臾

駢曰不可吾聞前志有之曰敵惠敵怨不在後嗣忠之

道也夫子禮於賈季我以其寵報私怨無乃不可乎介

人之寵非勇也損怨益仇非知也以私害公非忠也釋

此三者何以事夫子盡具其帑與其器用財賄親帥扞

之送致諸境文七年秋狄侵我西鄙公使告于晉趙宣

子使因賈季問酆舒且讓之舒問於賈季曰趙衰趙盾

埶賢曰趙衰冬日之日趙盾夏日之日冬日可愛夏日可畏

晉趙盾

趙盾字孟趙衰之子也是曰趙宣子文公六年為中軍於是始為國政制事典正法罪辟獄刑董逋逃由質要治舊洿本秩禮續常職出滯淹既成以授大傅陽子與太師賈佗使行諸晉國以為常法十四年盾以諸侯之師八百乘納捷菑于邾邾人辭曰齊出貜且長宣子曰

辭順而弗從不祥乃還晉襄公卒靈公少晉人以難故欲立長君趙孟曰立公子雍云云賈季曰不如立公子樂使先蔑士會如秦逆公子雍賈季亦召公子樂于陳趙孟使殺諸郫七年秦康公送公子雍于晉穆嬴日抱太子以啼于朝云云宣子乃背先蔑而立靈公云云敗秦師于令狐宣二年靈公不君厚斂以雕牆從臺上彈人而觀其避丸也宰夫胹熊蹯不熟殺之寘諸畚使婦人載以過朝趙盾與士季見之問其故而患之士季諫

不改宣子驟諫公患之使鉏麑賊之晨往寢門闢矣盛服將朝尚早坐而假寐麑退歎而言曰不忘恭敬民之主也賊民之主不忠棄君之命不信有一於此不如死也觸槐而死秋七月晉侯飲盾酒伏甲士將攻之其右提彌明知之趨登曰臣侍君宴過三爵非禮也遂扶以下公嗾夫獒焉明搏而殺之盾曰棄人用犬雖猛何為宮中甲鼓而起提彌明死之初宣子田於首山舍於翳桑見靈輒餓問其病曰不食三日矣食之舍其半問之

曰宦三年矣未知母之存否今近焉請以遺之使盡之而為之簞食與肉寘諸橐以與之既而與為公介倒戟以禦公徒而免之問其故對曰翳桑之餓人也問其名居不告而退遂自亡也九月乙丑趙穿攻靈公於桃園宣子未出山而復太史書曰趙盾弑其君以示於朝宣子曰不然對曰子為正卿亡不越境反不討賊非子而誰孔子曰董狐古之良史也書法不隱趙宣子古之良大夫也為法受惡惜也越境乃免

宋華元

華元宋卿也太宰華督之曾孫宣公二年鄭公子歸生受命于楚以伐宋宋元禦之戰于大棘宋師敗績囚元將戰元殺羊食士其御羊斟不與及戰曰疇昔之羊子為政今日之事我為政與入鄭師故敗君子謂羊斟非人也以其私憾敗國殄民於是刑孰大焉詩所謂人之無良者其羊斟之謂乎殘民以逞宋人以兵車百乘文馬百駟贖華元于鄭半入華元逃歸立于門外告而入見

叔牂曰子之馬然也對曰非馬也其人也既合而來奔
宋城元為植城者謳曰睅其目皤其腹棄甲而復于思
于思棄甲復來使其驂乘謂之曰牛則有皮犀兕尚多
棄甲則那役人曰從其有皮丹漆若何元曰去之夫其
口衆我寡成二年八月宋文公卒始厚葬用蜃炭益車
馬始用殉重器備椁有四阿棺有翰檜皆王禮也君子
謂華元樂舉於是乎不臣臣治煩去惑者也是以伏死
而爭今二子者君生則縱其惑死又益其侈是棄君於

惡也何臣之爲

鄭歸生

公子歸生字子家鄭大夫也楚人獻黿於鄭靈公公子宋與子家將見子公之食指動以示子家曰他日我如此必嘗異味及入宰夫將解黿相視而笑公問之子家以告及食大夫黿召子公而弗與也子公怒染指於鼎嘗之而出公怒欲殺子公子公與子家謀先子家曰畜老猶憚殺之而況君乎反譖子家子家懼而從之夏弒

靈公書公子歸生弑其君夷權不足也君子曰仁而不武無能達也

賛曰春秋之臣若范武子之德吾無間然矣其事上也忠其慮事也審其居家也理其臨民也治使遇明主其功烈豈止如是而已哉韓獻子之忠正亦亞也忠故不狥私正故不能陷以非義是所以善始善終為國之老而咨正焉季文子相三君家無私積可謂賢矣解揚受命不為利回不為威屈古之良使也名以制義也晉侯

克敵而名其子曰仇曰成師叔孫獲敵而名其子曰僑曰虺亦足以兆亂也共仲之亂季友出疆而歸討賊春秋美之趙盾往而不反反而不為正卿則已矣身為正卿反不討賊又從而任使之趙穿之事盾不無憾焉不然胡為莫敢誰何也春秋别嫌疑正名分豈以隱昧而加人以惡者哉蓋原情得之矣

春秋臣傳卷十

欽定四庫全書

春秋臣傳卷十一

宋 王當 撰

宣公

魯孟獻子

孟獻子孟文伯之子仲孫蔑也爲魯卿九年春天王使來徵聘夏蔑聘於周王以爲有禮厚賄之楚子圍宋獻子言於公曰臣聞小國之免於大國也聘而獻物於是

有庭實旅百朝而獻功於是有容貌采章嘉淑而有加貨謀其不免也今楚在宋君其圖之公説明年會楚于宋襄三年盟于長樗獻子相公稽首知武子曰天子在而君辱稽首寡君懼矣獻子曰以敝邑介在東表密邇仇讎寡君將君是望敢不稽首七年夏四月三卜郊不從乃免牲獻子曰吾乃今而後知有卜筮夫郊祀后稷以祈農事也是故啟蟄而郊郊而後耕今既耕而卜郊宜其不從也十五年宋向戌來聘見獻子之室尤之曰

子有令聞而美其室非所望也對曰我在晉吾兄為之毁之重勞且不敢閒獻子善觀人郤錡來聘將事不敬知其必亡鄭子耳一歲三用師知其必有災既而悉如其言子佗是為子服氏季文子相宣成無衣帛之妾無食粟之馬仲孫它曰子為魯上卿相二君矣妾不衣帛馬不食粟人以其子為愛且不華國乎文子曰吾亦願之然吾觀國人其父兄之食麤而衣惡而我美妾與馬無乃非相人乎且吾聞以德榮為國華未聞以妾與馬

文子以告獻子獻子囚之七日自是子服之妾衣不過七升之布馬食不過稂莠文子聞之曰過而能改民之上也使爲上大夫

楚孫叔敖

孫叔敖楚令尹蔿艾獵也父曰蔿賈叔敖兒時出遊而還憂而不食母問其故泣而對曰吾聞見兩頭蛇者死今日吾見兩頭蛇恐去死無日矣母曰今蛇安在曰吾恐他人又見已埋之也母曰無憂有陰德者陽報之德

勝不祥人除百禍人聞之皆喻其仁也虞邱子薦之以自代少焉虞邱子家干法叔敖執而戮之虞邱子喜入言於王曰叔敖果可使持國政奉法公平未治而人信之十一年城沂使封人慮事以授司徒量功命日分財用平板幹稱畚築程土物議遠邇畧基趾具餱糧度有司三旬而成不愆于素十二年楚子圍鄭既及鄭平晋人救鄭楚子北師將飲馬于河而歸聞晋師既濟王欲還嬖人伍參欲戰叔敖弗欲曰昔歲入陳今兹入鄭不無

事矣戰而不捷參之肉其足食乎參曰若事之捷孫叔
爲無謀矣令尹南轅反旆王告令尹改乘轅而北之次
于管以待之晉魏錡趙旃怒楚師乙卯王乘左廣以逐
趙旃晉人懼二子之怒楚師也使軘車逆之楚人望其
塵亦懼王之入晉軍也遂出陳孫叔曰進之寧我薄人
無人薄我遂疾進師車馳卒奔乘晉軍晉軍大敗叔敖
爲令尹施教道民上下和合民皆樂其生莊王以爲幣
輕更以小爲大百姓不便皆去其業敖言於王曰前日

更幣令市令來言市亂民莫安其處次行不定臣請遂
令復如故王許之下令三日而市復楚俗好庳車王以
為不便馬欲下令更之敖曰令數下民不知所從臣請
教閭里畫高其梱居半歲民悉自高其車此不教而民
從其化近者視而效之遠者望而法之故三得相而不
喜知其財自得之也三去相而不悔知非己之罪也時
有優孟者敖知其賢善待之病且死屬其子曰我死汝
必貧困若往見優孟言我孫叔敖子也居數年其子窮

困負薪逢優孟孟曰若無遠有所之即為叔敖楚王及左右不能別也以為叔敖復生欲以為相孟曰婦言慎無為楚相不足為也如孫叔敖之為楚相盡忠為廉以治楚國楚王得以霸今死其子無立錐之地貧困負薪以自飲食不足為也於是莊王謝優孟乃召叔敖子封之寢邱四百戶後十世不絶

楚申叔時

申叔時楚之申大夫也夏徵舒之母曰夏姬陳靈公通

之徵舒弑靈公十一年冬楚子伐之因縣陳叔時使于齊反復命而退王使讓之曰夏徵舒爲不道弑其君寡人以諸侯討而戮之諸侯縣公皆慶寡人女獨不慶何故對曰夏徵舒之罪大矣討而戮之君之義也抑人有言曰牽牛以蹊人之田而奪之牛牽牛以蹊者信有罪矣奪之牛者不亦甚乎諸侯之從也曰討有罪也今縣陳貪其富也以討召諸侯而以貪歸之無乃不可乎王曰善哉吾未之聞也反之可乎對曰可哉吾儕小人所

謂取諸其懷而與之也乃復封陳楚子圍宋不克將去之叔時僕曰築室反耕者宋必聽命從之宋人懼請成楚共王將北師叔時老矣在申聞之曰子反必不免信以守禮禮以庇身信禮之亡欲免得乎成十六年晉厲公伐鄭楚子救之過申子反入見叔時曰師其何如對曰德刑詳義禮信戰之器也德以施惠刑以正邪詳以事神義以建利禮以順時信以守物民生厚而德正用利而事節時順而物成上下和睦周旋不逆求無不具

各知其極故詩曰立我烝民莫匪爾極是以神降之福時無災害民生敦厖和同以聽莫不盡力以從上命致死以補其闕此戰之所由克也今楚内棄其民而外絶其好瀆齊盟而食話言奸時以動而疲民以逞民不知信進退罪也人恤所底其誰致死子其勉之吾不復見子矣果敗于鄢陵孔子讀史至楚復陳喟然歎曰賢哉楚王輕千乘之國而重一言之信匪申叔之信不能達其義匪莊王之賢不能受其訓

鄭子良去疾

子良名去疾鄭穆公之庶子也為鄭卿初文公有賤妾曰燕姞夢天與己蘭曰予而伯儵予而祖也以是為而子以蘭有國香人服媚之如是既而文公見之與之蘭而御之辭曰妾不才幸而有子將不信敢徵蘭乎公曰諾生穆公命之曰蘭石癸曰吾聞姬姞耦姞吉人也后稷之元妃也今公子蘭姞甥也天或啟之必將為君其後必蕃穆公生十一子子然及子孔亡子羽不為卿子

罕子駟子良子國子印子豐子游是爲七穆靈公卒鄭人欲立子良辭曰以賢則去疾不足以順則公子堅長乃立襄公襄公將去穆氏而舍子良子良不可曰穆氏宜存則固願也若將亡之則亦皆亡去疾何爲乃舍之皆爲大夫十年楚伐鄭晉救鄭鄭敗楚師于栁棼國人皆喜唯子良憂曰是國之災也吾死無日矣自是晉楚交伐卒子子耳嗣襄十年子耳侵宋北鄙孟獻子曰鄭其有災乎師競已甚周猶不堪競況鄭乎有災其執政

之三士乎十月五族聚羣不逞之人因公子之徒以作亂殺子駟子國子耳

衛孫良夫桓子

孫良夫衛卿也是為孫桓子成二年衛侵齊衛師敗新築人仲叔于奚救桓子桓子是以免衛人賞之以邑辭請曲縣繁纓以朝仲尼聞之曰惜也不如多與之邑唯器與名不可以假人君之所司也名以出信信以守器器以藏禮禮以行義義以生利利以平民政之大節也

若以假人與人政也政亡則國家從之弗可止也已三年衛侯使孫良夫來聘且尋盟公問臧宣叔曰中行伯之於晉也其位在三孫子之於衛也位為上卿將誰先對曰次國之上卿當大國之中中當其下下當其上大夫小國之上卿當大國之下卿中當其上大夫下當其下大夫上下如是古之制也衛在晉不得為次國晉為盟主其將先之丙午盟晉丁未盟衛禮也

楚公子嬰齊

公子嬰齊字子重楚莊王之弟也爲左令尹成二年晉伐齊楚救齊將起師子重曰君弱羣臣不如先大夫師衆而後可詩曰濟濟多士文王以寧文王猶用衆況吾儕乎且先君莊王屬之曰無德以及遠方莫如惠恤其民而善用之乃大户已責逮鰥救乏赦罪悉師王卒盡行師于蜀十一月公及諸侯之大夫盟嬰齊于蜀卿不書匱盟也於是乎畏晉而竊與楚盟故曰匱盟蔡侯許男不書乘楚車也謂之失位君子曰位其不可不慎也

乎蔡許之君一失其位不得列於諸侯況其下乎詩曰不解於位民之攸墍其是之謂乎是行也晉辟楚畏其衆也君子曰衆之不可已也大夫爲政猶以衆克況明君而善用其衆乎泰誓所謂商兆民離周十人同者衆也

楚公子側

公子側字子反楚司馬也楚子之圍宋也華元夜登子反之床而起之子反曰子之國何如華元曰憊矣易子

而食之析骸而炊之子反曰嘻甚矣憊吾聞之也圍者柑馬而秣之使肥者應客是何子之情也華元曰吾聞之君子見人之厄則矜之小人見人之厄則幸之吾見子之君子也是以告情於子也子反曰諾勉之矣吾軍亦有七日之糧爾盡此不勝將去而歸子反告於莊王王曰嘻甚矣憊雖然吾今取此然後而歸子反曰不可臣已告之矣軍有七日之糧爾莊王怒曰子曷爲告之子反曰以區區之宋猶有不欺人之臣可以楚而無乎

是以告之也莊王曰諾乃許之平成十六年晉楚遇于鄢陵楚晨壓晉軍而陳旦而戰見星未已子反命軍吏察夷傷補卒乘繕甲兵展車馬雞鳴而食唯命是聽晉人患之苗賁皇狥曰蒐乘補卒秣馬利兵修陳固列蓐食申禱明日復戰乃逸楚囚王聞之召子反謀子反醉而不能見王曰天敗楚也乃宵遁王使謂子反曰子無以為過不穀之罪也子反再拜稽首曰君賜臣死死且不朽臣之卒實奔臣之罪也王使止之弗及而卒

贊曰孟獻子忠足以事君辭足以應敵智足以慮事從容蹈禮終始無闕孟子稱其有友五人信矣三桓之後孟氏多賢豈非習獻子之禮邪申叔時一言而復陳國仁人之言哉然莊王亦賢矣子反知謀之而不能用宜其取敗若申叔者所謂古之謀人也子良辭千乘之國不能亡而已存斯楚鄭所以爭得之也子重子反以貪效尤而滅其族豈怒以沮亂者乎適足召讎敵也

春秋臣傳卷十一

欽定四庫全書

春秋臣傳卷十二

宋　王當　撰

宣公二

周單襄公

單襄公名朝王卿士也八年聘于宋遂假道于陳以聘于楚火朝覿矣道茀不可行也候不在疆司空不視塗澤不陂川不梁國無寄寓縣無施舍民將築臺於夏氏

及陳陳靈公與孔寧儀行父南冠以如夏氏留賓弗見單子歸告王曰陳侯不有大咎國必亡王曰何故對曰夫辰角見而雨畢天根見而水涸本見而草木節解駟見而隕霜火見而清風戒寒故先王之教曰雨畢而除道水涸而成梁草木節解而備藏隕霜而冬裘具清風至而修城郭宫室此先王所以不用財賄而廣施德於天下者也今陳國火朝覿矣而道路若塞野場若棄澤不陂障川無舟梁是廢先王之教也周制有之曰國有

郊牧疆有寓望所以禦災也其餘無非穀土民無懸耜野無奥草有優無匱有逸無罷今陳國道路不可知田在草間民罷於逸樂是棄先王之法制也先王之令有之曰天道賞善而罰淫故凡我造國無從匪彝無即慆淫各守爾典以承天休今陳帥其卿佐以淫於夏氏是犯先王之令也周之秩官有之曰敵國賓至關尹以告行李以節逆之候人為導卿出郊勞門尹除門宗祝執祀司里授館司徒具徒司空視塗司寇詰姦虞人入材

甸人積薪火師監燎水師監濯膳宰致餐廩人獻餼司馬陳芻工人展車百官官以物至賓入如歸是以小大莫不懷愛其貴國之賓至則以班加一等益虔至於王使則皆官正涖事上卿監之今雖朝也不才承王命以為過賓於陳而司事莫至是蔑先王之官也居大國之閒而無此四者其能久乎十年陳侯殺於夏氏楚子入陳

成公二年晉使鞏朔獻齊捷于周王弗見使襄公辭焉曰蠻夷戎狄不式王命淫湎毀常王命伐之則有獻捷

王親受而勞之所以懲不敬勸有功也兄弟甥舅侵敗王畧王命伐之告事而已不獻其功所以敬親暱禁淫慝也今叔父奸先王之禮余雖欲於鞏伯其敢廢舊典以忝叔父乎士莊伯不能對王以鞏伯宴而私賄之使相告之曰非禮也勿籍十六年晉侯使郤至獻楚捷于周見單襄公與之語且曰晉國之克也為己實謀之曰微我晉不戰矣襄公曰人有言曰兵在其頸其郤至之謂乎君子不自稱也非以讓也惡其盖人也求盖人其

抑下滋甚故聖人貴讓詩曰豈悌君子求福不回以吾
觀之不可久也明年郤至果死難十七年柯陵之盟襄
公見晉厲公視遠步高郤錡見其語犯郤犨見其語迂
郤至見其語伐犯則陵人迂則誣人伐則掩人魯成公
見襄公曰公問天道乎抑人故也對曰吾非瞽史焉知
天道吾見晉君之容而聽三郤之語矣殆必禍者也後
悉如其言卒子頃公嗣晉孫談之子周適周事襄公立
無跛視無還聽無聳言無遠言敬必及天言忠必及意

言信必及身言仁必及人言義必及利言智必及事言勇必及制言教必及辯言孝必及神言惠必及和言讓必及敵晉國有憂未嘗不戚有慶未嘗不怡襄公疾召頃公而告之曰必善晉周將得晉國其行也文能文則得天地夫敬文之恭也忠文之實也信文之孚也仁文之愛也義文之制也智文之輿也勇文之帥也教文之施也孝文之本也惠文之慈也讓文之才也此十一者夫子皆有焉文王質文故天胙之以天下夫子被之矣

其昭穆又近可以得國及厲公之亂召周子而立之是為悼公頃公卒子靖公嗣晉羊舌肸聘于周發幣于大夫及單靖公靖公享之儉而敬語說昊天有成命叔向曰異哉昊天有成命頌之盛德也其詩曰昊天有成命二后受之成王不敢康夙夜基命宥密於緝熙亶厥心肆其靖之是道成王之德也成王能明文昭能定武烈者也夫道成命者而稱昊天翼其上也二后受之讓於德也成王不敢康敬百姓也夙夜恭也基始也命信也

宥寬也密寧也緝明也熙廣也亶厚也肆固也靖和也其始也翼上德讓而敬百姓其中也恭儉信寬帥歸於寧其終也廣厚其心以固和之始於德讓中於信寬終於固和故曰成單子儉敬讓咨以應成德單若不興子孫必蕃後世不忘詩曰其類維何室家之壼君子萬年永錫祚胤類也者不忝前哲之謂也壼也者廣裕民人之謂也萬年也者令聞不忘之謂祚胤也者子孫蕃育之謂也單子必當之矣襄王十年靖公爲王卿士以相

王室曾孫穆公有傳

周劉康公 荀伯

劉康公周定王之季子也食采于劉宣公十年康公來報聘晉景公使趙同獻狄俘于周不敬康公曰不及十年原叔必有大咎天奪之魄矣成十一年晉郤至與周爭鄇田王命康公訟諸晉郤至曰溫吾故也故不敢失劉子曰昔周克商使諸侯撫封蘇忿生以溫為司寇與檀伯達封于河蘇氏即狄又不能於狄而奔衛襄王勞

文公而賜之溫狐氏陽氏先處之而後及子若治其故則王官之邑也子安得之晉侯使郤至勿敢爭成十三年公及諸侯朝王成肅公受脤于社不敬劉子曰吾聞之民受天地之中以生所謂命也是以有動作禮義威儀之則以定命也能者養之以福不能者敗以取禍是以君子勤禮小人盡力勤禮莫如致敬盡力莫如敦篤敬在養神篤在守業國之大事在祀與戎祀有執膰戎有受脤神之大節也今成子惰棄其命矣其不反乎五

用成肅公卒于瑕劉氏世為王卿士其後獻公文公忠于王室

晉士貞子

士貞子名渥濁字伯晉大夫也邲之役晉師歸中行桓子請死晉侯欲許之貞子諫曰不可城濮之役晉師三日穀文公猶有憂色左右曰有喜而憂如有憂而喜乎公曰得臣猶在憂未歇也困獸猶鬬況國相乎及楚殺子玉公喜而後可知也曰莫余毒也已是晉再克而楚

再敗也楚是以再世不競今天或者大警晉也而又殺林父以重楚勝其無乃久不競乎林父之事君也進思盡忠退思補過社稷之衛也若之何殺之夫其敗也如日月之食焉何損於明晉侯使復其位十五年晉師滅赤狄晉侯賞桓子狄臣千室亦賞士伯以瓜衍之縣曰吾獲狄土子之功也微子吾喪伯氏矣羊舌職說是賞也曰周書所謂庸庸祗祗者謂此物也夫士伯庸中行伯君信之亦庸士伯此之謂明德矣文王所以造周不

是過也故詩曰陳錫哉周能施也率是道也其何不濟
趙嬰通于趙莊姬原屏放諸齊嬰夢天使謂己祭余余
福汝問於貞伯貞伯曰不識也旣而告其人曰神福仁
而禍淫淫而無罰福也祭其得亡乎祭之之明日而亡
成六年鄭伯如晉拜成子游相授玉于東楹之東貞伯
曰鄭伯其死乎自棄也已視流而行速不安其位宜不
能久悼公即位士伯爲太傅子弱嗣

晉郤克

郤克字伯郤缺之子也為晉卿是為郤獻子宣十七年春景公使克徵會于齊季孫行父禿郤克跛衛孫良夫眇曹公子首僂同時而聘于齊齊使禿者御禿者跛者御跛者眇者御眇者僂者御僂者齊頃公帷婦人使觀之郤子登婦人笑于房獻子怒出而誓曰所不此報無能涉河獻子歸請伐齊范武子將老聞之曰喜怒以類者鮮易者實多詩曰君子如怒亂庶遄沮君子如祉亂庶遄已君子之喜怒以已亂也弗已者必益之郤子其

或者欲已亂於齊乎不然子懼其益之也余將老使郤子逞其志庶有豸乎乃請老郤獻子爲政將中軍遂伐齊師陳于鞌齊師敗績晉師歸郤克見公曰子之力也夫對曰君之訓也二三子之力也臣何力之有焉范叔見勞之如郤伯對曰庚所命也克之制也燮何力之有焉欒伯見公亦如之對曰燮之詔也士用命也書何力之有焉

楚潘黨

潘黨字叔黨楚大夫潘尫之子也邲之戰晉敗黨曰君盍築武軍而收晉尸以為京觀臣聞克敵必示子孫以無忘武功楚子曰非爾所知也夫文止戈為武武王克商作頌曰載戢干戈載櫜弓矢我求懿德肆于時夏允王保之夫武禁暴戢兵保大定功安民和衆豐財者也故使子孫無忘其章武有七德我無一焉何以示子孫其為先君宮告成事而已武非吾功也古者明王伐不敬取其鯨鯢而封之以為大戮於是乎有京觀以懲淫

慝令罪無所而民皆盡忠以死君命又何以為京觀乎
祀于河作先君宫告成事而還鄢陵之役黨與養由基
蹲甲而射之徹七札焉

楚屈巫

屈巫字子靈楚申邑大夫也是曰申公巫臣成八年晉
侯使申公巫臣如吳假道于莒與渠邱公立於池上曰
城已惡莒子曰僻陋在夷其孰以我為虞對曰夫狡焉
思啟封疆以利社稷者何國蔑有唯然故多大國矣唯

或思或縱也勇夫重閉況國乎宣十二年莊王伐蕭蕭潰巫臣曰師人多寒王巡三軍拊而勉之三軍之士皆如挾纊楚之討陳夏氏也莊王欲納夏姬巫臣曰不可君召諸侯以討罪也今納夏姬貪其色也書曰明德慎罰文王所以告周也君其圖之王乃止子反欲取之巫臣曰是不祥人也天下多美婦人何必是乎子反乃止巫臣遂娶夏姬以奔晉子反怨之殺巫臣之族而分其室巫臣自晉遺子重子反書曰余必使爾罷於奔命以

死巫臣請使於吳晉侯許之吳子壽夢說之乃通吳于晉以兩之一卒適吳舍偏兩之一焉與其射御教吳乘車教之戰陳教之叛楚寘其子狐庸焉使為行人於吳吳始伐楚伐巢伐徐子重奔命馬陵之會吳入州來子重自鄭奔命子重子反於是乎一歲七奔命蠻夷屬於楚者吳盡取之是以始大通吳於上國

晉欒書

欒書晉卿也字伯是曰欒武子父曰盾成六年楚伐鄭

書救之晉衆欲戰知莊子范文子韓獻子曰不可或謂武子曰聖人與衆同欲是以濟事子爲大政將酌於民者也子之佐十一人其不欲戰者三人而已欲戰者可謂衆矣夫子曰善鈞從衆夫善衆之主也從之不亦可乎從之果有功君子曰從善如流宜哉詩曰豈弟君子遐不作人求善也夫作人斯有功績矣九年書伐鄭鄭人使伯蠲行成晉人殺之非禮也兵交使在其間可也明年復伐鄭鄭子罕賂以襄鍾乃歸鄭伯

贊曰單襄公知識明悟將之以文有王臣之體焉雖才不見於用而世有賢德詩曰惟其有之是以似之單氏之謂乎士貞子明荀伯之賢身受其賞奕世載德薦賢之有後也明矣郤克不忍一笑之憤而暴二國之師遷怒之為患如此三郤滅宗未必非陰禍也甚哉巫臣之罔也諫納夏姬若正也反將以濟其邪自知其非而躬蹈覆轍其罔乃所以自罔也

春秋臣傳卷十二

春秋臣傳卷十三

宋 王當 撰

宣公三

晉知武子

知武子晉卿也名罃字子羽荀首之子邲之戰楚獲罃而囚之成公三年晉人歸楚公子穀臣以求罃楚人許之王送罃曰子其怨我乎對曰二國治戎臣不才不勝

其任以爲俘馘執事不以釁鼓使歸即戮君之惠也臣實不才又誰敢怨王曰然則德我乎對曰二國圖其社稷而求紓其民各懲其忿以相宥也兩釋纍囚以成其好二國有好臣不與及其誰敢德王曰子歸何以報我對曰臣不任受怨君不任受德無怨無德不知所報王曰晉未可與爭重爲之禮而歸之襄十年晉荀偃士匄請伐偪陽而封宋向戌焉荀罃曰城小而固勝之不武弗勝爲笑固請丙寅圍之弗克云云　宋公饗諸侯於楚

郈請以桑林荀罃辭荀偃士匄曰諸侯宋魯於是觀禮魯有禘樂賓祭用之宋以桑林享君不亦可乎舞師題以旌夏晉侯懼而退入于房去旌卒享而還及著雍疾卜桑林見荀偃士匄欲奔請禱焉荀罃不可曰我辭禮矣彼則以之猶有鬼神於彼加之晉侯有間

晉伯宗

伯宗晉大夫也事景公厲公宣十四年楚子圍宋公孫歸父會楚子于宋宋使樂嬰齊告急于晉晉侯欲救之

伯宗曰不可古人有言曰雖鞭之長不及馬腹天方授楚未可與爭雖晉之彊能違天乎諺曰高下在心川澤納汚山藪藏疾瑾瑜匿瑕國君含垢天之道也君其待之乃止晉侯將伐狄諸大夫皆曰不可酆舒有三儁才不如待後之人伯宗曰必伐之狄有五罪儁才雖多何補焉不祀一也耆酒二也棄仲章而奪黎氏地三也虐我伯姬四也傷其君目五也怙其儁才而不以茂德兹益罪也若之何待之夫恃才與衆亡之道也商紂由之

故滅天反時為災地反物為妖民反德為亂亂則妖災生故文反正為乏盡在狄矣晉侯從之遂滅潞殺酆舒

成公五年梁山崩以傳召伯宗伯宗辟重曰辟傳重人曰待我不如捷之速也問其所曰絳人也問絳事焉曰梁山崩將召伯宗謀之問將若之何曰山有朽壤而崩可若何國主山川故山崩川竭君為之不舉降服乘縵徹樂出次祝幣史辭以禮焉其如此而已雖伯宗若之何伯宗請見之不可遂以告而從之孔子聞之曰伯宗

其無績乎攘善也伯宗朝以喜歸其妻曰子貌有喜何也曰吾言於朝諸大夫皆謂我智似陽子對曰陽子華而不實主言而無謀是以難及其身子何喜焉伯宗曰吾飲諸大夫酒而與之語爾試聽之曰諾既飲其妻曰諸大夫莫子若也然而民不能戴其上久矣難必及子子盍亟索士憖庇州犂焉得畢陽十五年三郤害伯宗譖而殺之畢陽送伯州犂于楚韓獻子曰郤氏其不免乎善人天地之紀也而驟絕之不亡何待初伯宗每朝

其妻必戒之曰盜憎主人民惡其上子好直言必及於難子州犂有傳

魯臧宣叔

臧宣叔臧孫許也文仲之子成二年冬楚師侵衛遂侵我師于蜀使臧孫往辭曰楚遠而久固將退矣無功而受名臣不敢楚侵及陽橋孟孫請往賂之以執斲執鍼織紝皆百人公衡爲質以請盟楚人許平

楚伯州犂

伯州犂晉大夫伯宗之子也成十五年奔楚為太宰襄二
十六年楚侵鄭鄭皇頡戍之出與楚師戰敗穿封戌囚
皇頡公子圍與之爭之正於州犂州犂曰請問於囚乃
立囚曰所爭君子也其何不知上其手曰夫子為王子
圍寡君之貴介弟也下其手曰此子為穿封戌方城外
之縣尹也誰獲子囚曰頡偪王子弱焉戌怒抽戈逐王
子圍弗及楚人以皇頡歸明年向戌請弭兵楚人衷甲
州犂曰合諸侯以為不信無乃不可乎夫諸侯望信於

楚是以來服若不信是棄其所以服諸侯也固請釋甲子木曰晉楚無信久矣事利而已焉用有信太宰退告人曰令尹將死矣不及三年求逞志而棄信志將逞乎志以發言言以出信信以立志參以定之信亡何以及三昭元年公子圍弒王殺州犂于郟

楚養由基

養由基楚大夫養叔也養叔善射鄢陵之戰潘黨與由基蹲甲而射之徹七札焉以示王曰君有二臣如此何

憂於戰王怒曰大辱國詰朝爾射死藝及戰呂錡射共王中目王召由基與之兩矢使射呂錡中項伏弢以一矢復命楚師薄於險叔山冉謂由基曰雖君有命為國故子必射乃射再發盡殪晉師乃止襄十五年楚公子午為令尹由基為宫廐尹以靖國人君子謂楚於是乎能官人官人國之急也能官人則民無覦心昭公十四年令尹子旗有德於王不知度與養氏比而求無厭王於是殺子旗而滅養氏之族

晉趙同

趙同趙盾異母弟趙衰生原同屏括樓嬰原屏樓三子邑也初驪姬之亂詛無畜羣公子自是晉無公族及成公即位晉於是乎有公族餘子公行趙盾請以括為公族大夫成八年晉殺趙同趙括十年晉侯夢大厲被髮及地搏膺而踊曰殺余孫不義余得請於帝矣壞大門及寢門而入公懼入於室又壞户公覺召桑田巫巫言如夢公曰何如曰不食新矣六月晉侯欲麥使甸人獻

麥饋人為之召桑田巫示而殺之將食張如廁陷而卒小臣有晨夢負公以登天及日中負晉侯出諸廁遂以為殉

賛曰知武子資善而行聞義而服充此可以優天下而況晉國乎伯宗可謂邦之司直矣然處於昬君亂卿之間而以能尚人非保身之道也臧宣叔不敢以無功受名是能世其家也伯州犂智而不知正養叔藝而不尚德藝勝則下智勝則殺身矣

春秋臣傳卷十二

春秋臣傳卷十三

欽定四庫全書

春秋臣傳卷十四

宋　王當　撰

成公一

晉范文子

范文子名燮范武子之子也文子莫退於朝武子曰何莫也對曰有秦客廋辭於朝大夫莫之能對也吾知三焉夫子怒曰大夫非不能也讓父兄也爾童子何知而

三掩人於朝吾不在晉國亡無日矣擊之以杖折委笄

鞌之戰士燮佐上軍代荀庚帥以功受三命之服晉師歸文子後入武子曰無爲吾望爾也乎對曰師有功國人喜以逆之先入必屬耳目焉是代帥受名也故不敢武子曰吾知免矣鄢陵之役文子不欲戰曰吾聞君人者刑其民成而後振武於外是以內和而外威今吾司寇之刀鋸日弊而斧鉞不行內猶有不刑而況外乎唯聖人能外內無患自非聖人外寧必有內憂盍釋楚以

為外懼乎范匄趨進曰晉楚唯天所授何患焉文子執戈逐之曰國之存亡天也童子何知焉及楚師宵遁晉入楚軍三日穀文子立於戎馬之前曰君幼諸臣不佞何以及此君其戒之夫德福之基也無德而福隆猶無基而厚墉也其壞也無日矣文子反自鄢陵使其祝宗祈死曰君驕侈而克敵是天益其疾也難將作矣愛我者惟祝我使我速死無及於難范氏之福也十七年卒子匄嗣

晉郤至

郤至字季子晉大夫也郤克之族子是為郤昭子食於溫又曰溫季成十二年如楚聘楚子享之子反相為地室而懸焉至將登金奏作於下驚而走出曰君不忘先君之好施及下臣貺之以大禮重之以備樂如天之福兩君相見何以代此下臣不敢子反曰兩君相見無亦唯是一矢以相加遺焉用樂曰諸侯閒於天子之事則相朝於是乎有享宴之禮享以訓共儉宴以示慈惠共

儉以行禮慈惠以布政政以禮成民是以息百官承事朝而不夕此公侯之所以捍成其民也故詩曰赳赳武夫公侯干城及其亂也諸侯貪冒侵欲不忌爭尋常以盡其民畧其武夫以為己腹心股肱爪牙故詩曰赳赳武夫公侯腹心天下有道則公侯能為民干城而制其腹心亂則反之今吾子之言亂之道也不可以為法然吾子主也至敢不從遂入卒事歸以語范文子文子曰無禮必食言吾死無日矣夫十七年厲公欲盡去羣大

夫而立其左右胥童以胥克之廢也怨郤氏乃告公先去三郤郤氏聞之郤錡欲攻公郤至曰人所以立信知勇也信不叛君知不害民勇不作亂失兹三者其誰與我死而多怨將安用之壬午長魚矯殺郤至尸之於朝

楚鍾儀

鍾儀楚鄖大夫也楚伐鄭鄭囚鍾儀獻諸晉晉人以儀歸囚諸軍府九年晉侯觀於軍府見儀問之曰南冠而縶者誰也有司對曰鄭人所獻楚囚也使稅之召而弔

之再拜稽首問其族對曰伶人也公曰能樂乎對曰先父之職官也敢有二事使與之琴操南音公語范文子文子曰楚囚君子也言稱先職不背本也樂操土風不忘舊也君盍歸之重為之禮使歸求成十二月楚使公子辰如晉修好

齊鮑國

鮑國齊卿叔牙之後是曰鮑文子兄曰牽是曰鮑莊子夫人孟子愬牽公刖之仲尼曰鮑莊子之知不如葵葵

猶能衛其足定九年陽虎奔齊請師以伐魯齊侯將許之文子諫乃執陽虎文子時年九十餘

齊國佐

國佐賔媚人也為齊卿是為國武子牽之戰齊侯使賔媚人賂以紀甗玉磬與地晉人不可曰必以蕭同叔子為質而使齊之封内盡東其畝對曰蕭同叔子非他寡君之母也吾子布大命於諸侯而曰必質其母以為信是以不孝令也詩曰孝子不匱永錫爾類若以不孝令

於諸侯其無乃非德類也乎先王疆理天下物土之宜而布其利故詩曰我疆我理南東其畝今吾子疆理諸侯而曰盡東其畝惟吾子戎車是利無顧土宜其無乃非先王之命也乎反先王則不義何以為盟主今吾子求合諸侯以逞無疆之欲詩曰布政優優百祿是遒子實不優而棄百祿諸侯何害焉唯是先君之敝器土地不敢愛子又不許請收合餘燼背城借一敝邑之幸亦云從也晉人許之十八年慶氏之亂國佐以穀叛齊侯

殺之書曰齊殺其大夫國佐

魯叔孫僑如

叔孫僑如得臣之子也是曰宣伯得臣之獲長狄僑如也因以名之十四年僑如以夫人婦姜氏至自齊舍族尊夫人也故君子曰春秋之稱微而顯志而晦婉而成章盡而不汙懲惡而勸善非聖人誰能修之僑如通於穆姜奔齊又通於齊聲孟子又奔衛

衛孫林父

孫林父孫文子也父曰良夫襄七年來聘公登亦登叔孫穆子相趨進曰諸侯之會寡君未嘗後衛君今吾子不後寡君寡君未知所過吾子其少安孫子無辭亦無悛容穆叔曰孫子必亡爲臣而君過而不悛亡之本也詩曰退食自公委蛇委蛇謂從者也衡而委蛇必折十四年衛獻公戒文子及甯惠子食皆服而朝日旰不召而射鴻於囿二子從之不釋皮冠而與之言文子怒公使子蟜子伯子皮與之盟于丘宮文子皆殺之公出奔

蔡子鮮從公及竟公使祝宗告亡且告無罪定姜曰無神何告若有不可誣也有罪若何告無舍大臣而與小臣謀一罪也先君有冢卿以為師保而蔑之二罪也余以巾櫛事先君而暴妾使余三罪也告亡而已無告無罪衛人立公孫剽林父甯殖相之以聽命於諸侯會于戚謀定衛也二十六年甯喜弑其君剽林父以戚如晉書曰入于戚以叛罪孫氏也臣之祿君實有之義則進否則奉身而退專祿以周旋戮也

衛蘧伯玉

蘧伯玉名瑗衛大夫也初甯殖孫林父出獻公及甯喜將納之以告伯玉伯玉曰瑗不得聞君之出敢聞其入遂行從近關出吳公子札聘衛見而說之曰衛多君子未有患也孔子在衛往來主伯玉家孔子亦嚴事之與周老子齊晏平仲鄭子產皆嘗稱之曰外寬而内正自極于隱括之中直己而不直人汲汲於人以善自終此盖蘧伯玉之行也夫

賛曰范文子釋楚以為外懼何其憂深而思遠也聖人不畏多難畏無難矧厲公之驕虐邪鄢陵之勝變歸而祈死有先見之明焉其視欒書直以為糞土矣武子之德不泯哉郤至佗佗輕勇雖暗於防患至戎馬之間有可觀者焉不幸構於欒書死非其罪猶不忘恭哀哉欒書緝緝以覆郤宗至盈亦不免天理明矣鍾儀幽而見其操君子哉鮑國耄期不倦賓媚人末路荒迷可以觀所守矣僑如無往不淫林父終始悖繆死亡皆有餘責

蘧伯玉不與聞衛君之出入所謂邦無道㩲而懷之也

春秋臣傳卷十四

欽定四庫全書

春秋臣傳卷十五

宋　王當　撰

成公二

晉趙文子武

趙文子晉卿也名武字孟父朔是為趙莊子八年晉討趙同趙括武從姬氏畜于公宮以其田與祁奚是年韓厥言於晉侯曰成季之勲宣孟之忠而無後為善者其

懼矣三代之令王皆數百年保天之禄夫豈無辟王賴前哲以免也乃立武而反其田趙文子冠見欒武子武子曰美哉昔吾逮事莊主華則榮矣實之不知請務實乎見范文子文子曰而今可以戒矣夫賢者寵至而益戒不足者為寵驕故興王賞諫臣逸王罰之吾聞古之王者政德既成又聽於民於是乎使工誦諫於朝在列者獻詩聽臚言於市辯妖祥於謡考百事於朝問謗譽於路有邪而正之盡戒之術也見郤駒伯駒伯曰美哉

壯不若老者多矣見韓獻子獻子曰戒之此謂成人成人在始與善始與善善進不善蔑由至矣始與不善不善進善亦蔑由至矣如草木之產各以其物人之有冠猶宮室之有牆屋也糞除而已又何加焉見苦成叔子叔子曰抑年少而執官者衆吾安容子見温季子季子曰誰之不如可以求乎見張老而語之張老曰善矣從欒伯之言可以滋范叔之教可以大韓子之戒可以成物備矣志在子若夫三郤亡人之言也何稱述焉知子

之道善矣是先主覆露子也十八年悼公即位始命百
官施舍已責逮鰥寡振廢滯匡乏困救災患禁淫慝薄
賦斂宥罪戾節器用時用民欲無犯時使魏相士魴魏
頡趙武為卿凡六官之長皆民譽也舉不失職官不易
方爵不踰德師不陵正旅不偪師民無謗言所以復霸
也襄二十五年重丘之盟趙文子為政令薄諸侯之弊
而重其禮穆叔見之謂穆叔曰自今以往兵其少弭矣
二十七年宋向戌欲弭諸侯之兵如晉告趙孟遂約諸

侯盟於宋西門之外晉楚爭先文子以叔向之言乃先楚人宋公兼享晉楚之大夫趙孟為客子木與之言弗能對使叔向侍言焉子木亦不能對也子木語王曰宜晉之伯也有叔向以佐其卿楚無以當之不可與爭鄭伯享趙孟于垂隴子展伯有子西子產子大叔二子石從趙孟曰七子從君以寵武也請皆賦以卒君貺武亦以觀七子之志子展賦草蟲趙孟曰善哉民之主也抑武也不足以當之伯有賦鶉之賁賁趙孟曰牀笫之言

不踰閾況在野乎非使人之所得聞也子西賦黍苗之四章趙孟曰寡君在武何能焉子產賦隰桑趙孟曰武請受其卒章子太叔賦野有蔓草趙孟曰吾子之惠也印段賦蟋蟀趙孟曰善哉保家之主也吾有望矣公孫段賦桑扈趙孟曰匪交匪敖福將焉往保是言也欲辭福禄得乎卒享文子告叔向曰伯有將為戮矣詩以言志志誣其上而公怨之以為賓榮其能久乎幸而後亡叔向曰然已侈所謂不及五稔者夫子之謂矣文子曰

其餘皆數世之主也子展其後亡者也在上不忘降卬氏其次也樂而不荒後亡不亦可乎三十年三月晉悼夫人食輿人之城杞者絳縣人或年長矣無子而往與於食有與疑年使之年曰臣小人也不知紀年臣生之歲正月甲子朔四百有四十五甲子矣其季於今三之一也吏走問諸朝師曠曰魯叔仲惠伯會郤成子于承匡之歲也七十三年矣史趙曰亥有二首六身下二如身是其日數也士文伯曰然則二萬六千六百有六旬

也趙孟問其縣大夫則其屬也召之而謝過焉曰武不才任君之大事以晉國之多虞不能由吾子使吾子辱在泥塗久矣武之罪也敢謝不才遂仕之使助為政辭以老與之田使為君復陶以為絳縣師於是魯使者在晉歸以語諸大夫季武子曰晉未可媮也有趙孟以為大夫有伯瑕以為佐有史趙師曠而咨度焉有叔向女齊以師保其君其朝多君子其庸可媮乎勉事之而後可十月為宋災故諸侯之大夫會以謀歸宋財叔孫豹

晉趙武齊宋衛鄭小邾之大夫會于澶淵既而無歸於宋故不書其人君子曰信其不可不愼乎澶淵之會卿不書不信也夫諸侯之上卿會而不信寵名皆棄不信之不可也如是詩曰文王陟降在帝左右信之謂也又曰淑愼爾止無載爾僞不信之謂也昭元年會于虢尋宋之盟也祁午謂文子曰宋之盟楚人得志於晉今楚重得志於晉晉之恥也子相晉國以為盟主於今七年矣再合諸侯三合大夫服齊狄寧東夏平秦亂城淳于

師徒不頓國家不罷民無謗讟諸侯無怨天無大災子之力也有令名矣而終之以恥午也是懼吾子其不可以不戒文子曰武受賜矣然宋之盟子木有禍人之心武有仁人之心是楚所以駕於晉也今武猶是心也楚又行僭非所害也武將信以為本循而行之譬如農夫是穮是蔉雖有饑饉必有豐年且吾聞之能信不為人下吾未能也詩曰不僭不賊鮮不為則信也能為人則者不為人下矣吾不能是難楚不為患天王使劉定公

勞趙孟於潁館於雒汭劉子曰美哉禹功明德遠矣微禹吾其魚乎吾與子弁冕端委以治民臨諸侯禹之力也子盍亦遠績禹功而大庇民乎對曰老夫罪戾是懼焉能恤遠吾儕偷食朝不謀夕何其長也劉子歸以語王曰趙孟不復年矣十二月庚戌卒先是趙孟語多婾叔孫穆子劉子秦鍼皆知其將亡而醫和亦以為然孔子謂子貢曰思天而敬人服義而行信孝於父母恭於兄弟從善而不違道趙文子之行也

曹子臧

子臧曹公子欣時也麻隧之戰曹宣公卒于師負芻殺太子而自立子臧將亡國人皆將從之成公乃懼告罪且請焉乃反而致其邑十五年晉侯討曹執曹伯諸侯將見子臧於王而立之子臧辭曰前志有之曰聖達節次守節下失節為君非吾節也雖不能聖敢失守乎遂逃奔宋曹人復請於晉晉侯謂子臧反吾歸而君子臧反曹伯歸盡致其邑與卿而不出

楚子囊

子囊楚莊王子公子貞也襄八年子囊伐鄭討其侵蔡也九年秦景公使士雃乞師于楚將以伐晉楚子許之子囊曰不可當今吾不能與晉爭晉君類能而使之舉不失選官不易方其卿讓於善其大夫不失守其士競於教其庶人力於農穡商工皁隷不知遷業韓厥老矣知罃稟焉以為政范匄少於中行偃而上之使佐中軍韓起少於欒黶而欒黶士魴上之使佐上軍魏絳多功

以趙武為賢而為之佐君明臣忠上讓下競當是時也
晉不可敵事之而後可君其圖之十三年楚子疾告大
夫曰不穀不德以大夫之靈獲保首領以殁於地唯是
春秋窀穸之事所以從先君於禰廟者請為靈若厲大
夫擇焉莫對及五命乃許秋楚共王卒子囊謀謚大夫
曰君有命矣子囊曰君命以共若之何毀之赫赫楚國
而君臨之撫有蠻夷奄征南海以屬諸夏而知其過可
不謂共乎請謚之共大夫從之明年秋楚伐吳楚師敗

冬子囊還自伐吳卒將死遺言謂子庚必城郢君子謂子囊忠君薨不忘增其名將死不忘衛社稷可不謂忠乎忠民之望也詩曰行歸于周萬民所望忠也

晉士匄范宣子

士匄士燮之子也是為范宣子襄八年宣子來聘公享之宣子賦摽有梅季武子曰誰敢哉今譬於草木寡君在君君之臭味也歡以承命何時之有武子賦角弓賓將出武子賦彤弓宣子曰城濮之役我先君文公獻功

于衛雍受彤弓于襄王以為子孫藏匄也先君守官之嗣也敢不承命君子以為知禮十年王叔陳生與伯輿爭政王叔怒而出奔及河王復之晉侯使士匄平王室王叔與伯輿訟焉王叔之宰與伯輿之大夫瑕禽坐獄於王庭士匄聽之王叔之宰曰篳門閨竇之人而皆陵其上其難為上矣瑕禽曰昔平王東遷吾七姓從王牲用備具王賴之而賜之騂旄之盟曰世世無失職若篳門閨竇其能來東底乎且王何賴焉今自王叔之相也

政以賄成而刑放於寵官之師旅不勝其富吾能無篳門閨竇乎惟大國圖之范宣子曰天子所右寡君亦右之所左亦左之使王叔氏與伯輿合要王叔氏不能舉其契王叔奔晉十三年晉侯蒐于緜上以治兵使士匄將中軍辭曰伯游長請從伯游荀偃將中軍士匄佐之使韓起將上軍辭以趙武又使欒黶黶辭曰臣不如韓起起願上趙武乃使趙武將上軍韓起佐之欒黶將下軍魏絳佐之晉國之民是以大和諸侯遂睦君子曰讓

禮之主也范宣子讓其下皆讓晉國以平數世賴之刑善也夫周之興也其詩曰儀刑文王萬邦作孚言刑善也及其衰也其詩曰大夫不均我從事獨賢言不讓也君子尚能而讓其下小人農力以事其上是以上下有禮而讒慝黜遠由不爭也謂之懿德及其亂也君子稱其功以加小人小人伐其技以馮君子是以上下無禮亂虐並生由爭善也謂之昏德國家之敝恒必由之宣子與和大夫爭田久而無成宣子欲攻之問於叔魚叔

魚曰待吾為子戮之叔向聞之見宣子曰盍訪之訾祏訾祏吾子之家老也宣子問之對曰吾子嗣范文子於朝無姦行於國無邪民於是無四方之患而無內外之憂賴三子之功而饗其祿位今既無事矣而非和於是加寵將何治為宣子說乃益和田而與之和二十三年盡殺欒氏之族黨宣子為政諸侯之幣重鄭人病之子產寓書於子西以告宣子曰子為晉國四鄰諸侯不聞令德而聞重幣僑也惑之僑聞君子長國家者非無賄

之患而無令名之難夫令名德之輿也德國家之基也有德則樂樂則能久詩云樂只君子邦家之基有令德也夫上帝臨女無貳爾心有令名也夫象有齒以焚其身賄也宣子說乃輕幣二十五年卒子鞅嗣

魯公孫嬰齊

公孫嬰齊字聲伯魯大夫也父叔肸宣公篡立叔肸非之織屨而食終身不食宣公之食十六年聲伯如晉請晉之釋季文子也郤犫欲與之邑弗受歸鮑國謂之曰

子何辭苦成叔之邑乎對曰吾聞之不厚其棟不能任重重莫如國棟莫如德夫苦成叔有三亡少德而多寵位下而欲上政無大功而欲大禄皆怨府也其身之不能定焉能予人邑十七年夢涉洹或與已瓊瑰食之懼不敢占也十一月言之之莫而卒

晉郤犨 苦成叔

郤犨晉大夫也郤克之從父兄是曰苦成叔十四年晉侯使犨送孫林父于衛衛侯享之甯惠子相苦成叔傲

甯子曰苦成家其亡乎古之為饗食也以觀威儀省禍福也故詩曰兕觵其觩旨酒思柔彼交匪傲萬福來求今夫子傲取禍之道也十七年為胥童所殺郤錡郤克之子所謂駒伯也前十三年晉侯使錡來乞師將事不敬孟獻子曰郤氏其亡乎禮身之幹也敬身之基也郤子無基且先君之嗣卿也受命以求師將社稷是衛而惰棄君命也不亡何為厲公作難與犨至同見殺

贊曰余考晉國之名卿若趙成子郤成子范武子韓獻

子知武子范文子趙文子魏獻子可謂名卿終始者矣餘悉不得為全人也美哉文子之烈也寬仁而有禮樂善而下士雖應變經遠非其所長而至誠服義不吝改過有芘人之大德有事君之小心詩曰豈弟君子民之父母文子有焉子臧之辭國非好名也蓋守志者也故君出非吾過君入非吾功歸潔其身而已矣子囊生不誤國死不忘君忠矣范宣子藉祖父之資操彊晉之柄加之揖遜從事六卿輯睦有足道矣然不能察嬖妾亡

子之誣私意以逞殺害忠良法峻而幣重諸侯解體范氏之德始衰焉

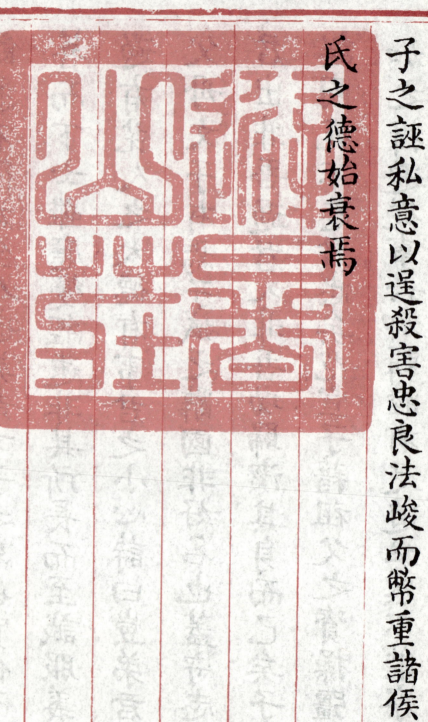

春秋臣傳卷十五

總校官編修臣朱鈐
校對官中書臣王學海
謄録監生臣朱麐烈

宋·王當撰

春秋臣傳（二）

中國書店

詳校官編修臣周瓊

欽定四庫全書

春秋臣傳卷十六

宋 王當 撰

成公三

晉魏莊子 絳

魏莊子名絳晉卿也魏犨之子絳勇而不亂悼公以為軍司馬晉侯之弟揚干亂行於曲梁絳戮其僕晉侯怒謂羊舌赤曰合諸侯以為榮也揚干為戮何辱如之必

殺魏絳無失也對曰絳無貳志事君不辟難有罪不逃
刑其將來辭何辱命焉言終絳至授僕人書將伏劍士
魴張老止之公讀其書曰日君乏使使臣斯司馬臣聞
師衆以順為武軍事有死無犯為敬君合諸侯臣敢不
敬君師不武執事不敬罪莫大焉臣懼其死以及揚干
無所逃罪不能致訓至於用鉞臣之罪重敢有不從以
怒君心請歸死於司寇公跣而出曰寡人之言親愛也
吾子之討軍禮也寡人有弟弗能教訓使干大命寡人

之過也子無重寡人之過敢以為請晉侯以絳為能以刑佐民矣反役與之禮食使佐新軍襄四年無終子嘉父使孟樂如晉因魏莊子納虎豹之皮以請和諸戎晉侯曰戎狄無親而貪不如伐之絳曰諸侯新服陳新來和將觀於我我德則睦否則攜貳勞師於戎而楚伐陳必弗能救是棄陳也諸華必叛戎禽獸也獲戎失華無乃不可乎夏訓有之曰有窮后羿公曰后羿何如對曰昔有夏之方衰也后羿自鉏遷于窮后因夏民以代夏

政恃其射也不修民事而淫于原獸棄武羅伯因熊髡尨圉而用寒浞寒浞伯明氏之讒子弟也伯明后寒棄之夷羿收之信而使之以為己相浞行媚于内而施賂于外愚弄其民而虞羿于田樹之詐慝以取其國家外内咸服羿猶不悛將歸自田家衆殺而亨之以食其子其子不忍食諸死于窮門靡奔有鬲氏浞因羿室生澆及豷恃其讒慝詐偽而不德于民使澆用師滅斟灌及斟尋氏處澆于過處豷于戈靡自有鬲氏收二國之燼

以滅浞而立少康少康滅澆于過后杼滅豷于戈有窮由是遂亡失人故也昔周辛甲之為大史也命百官官箴王闕於虞人之箴曰芒芒禹迹畫為九州經啓九道民有寢廟獸有茂草各有攸處德用不擾在帝夷羿冒于原獸亡其國恤而思其麀牡武不可重用不恢于夏家獸臣司原敢告僕夫虞箴如是可不懲乎於是晉侯好田故絳及之公曰然則莫如和戎乎對曰和戎有五利焉戎狄荐居貴貨易土土可賈焉一也邊鄙不聳民

狎其野穡人成功二也戎狄事晉四鄰振動諸侯懷威三也以德綏戎師徒不勤甲兵不頓四也鑒于后羿而用德度遠至邇安五也君其圖之公說使絳盟諸戎修民事田以時晉楚交伐鄭戲之盟晉侯歸謀所以息民絳請施舍輸積聚以貸自公以下茍有積者盡出之國無滯積亦無困人公無禁利亦無貪民祈以幣更賓以特牲器用不作車服從給行之期年國乃有節三駕而楚不能與爭襄十年戍鄭虎牢十一年赦鄭囚皆禮而

歸之納斥候禁侵掠鄭人賂晉侯以師悝師觸師蠲歌鍾二肆及其鎛磬女樂二八晉侯以樂之半賜絳曰子教寡人和諸戎狄以正諸華八年之中九合諸侯如樂之和無所不諧請與子樂之辭曰夫和戎狄國之福也諸侯無慝君之靈也二三子之勞也臣何力之有焉抑臣願君安其樂而思其終也詩曰樂只君子殿天子之邦樂只君子福禄攸同夫樂以安德義以處之禮以行之信以守之仁以厲之而後可以殿邦國同福禄來遠

人所謂樂也書曰居安思危思則有備有備無患敢以此規公曰子之教敢不承命抑微子寡人無以待戎不能濟河夫賞國之典也藏在盟府不可廢也子其受之魏絳於是乎始有金石之樂禮也子舒嗣有傳

晉祁大夫 奚

祁大夫名奚晉祁邑大夫也十八年悼公即位知奚之果而不淫也使為中軍尉襄三年奚請老晉侯問嗣焉稱解狐其讎也將立之而卒又問焉曰午也可於是羊

舌職死矣晉侯曰孰可以代之對曰赤也可於是使祁午為中軍尉羊舌赤佐之君子謂祁奚於是能舉善矣稱其讎不為諂立其子不為比舉其偏不為黨商書曰無偏無黨王道蕩蕩其祁奚之謂矣解狐得舉祁午得位伯華得官建一官而三物成能舉善也夫惟善故能舉其類詩曰惟其有之是以似之祁奚有焉十六年平公即位以奚為公族大夫二十一年范宣子逐欒盈殺羊舌虎囚叔向人謂叔向曰子離於罪其為不知乎叔

向曰詩曰優哉游哉聊以卒歲知也樂王鮒見叔向曰吾為子請叔向弗應出不拜其人皆咎叔向叔向曰必祁大夫室老聞之曰樂王鮒言於君無不行求赦吾子吾子不許祁大夫所不能也而曰必由之何也叔向曰樂王鮒從君者也何能行祁大夫外舉不棄讎内舉不失親其獨遺我乎詩曰有覺德行四國順之夫子覺者也晉侯問叔向之罪於樂王鮒對曰不棄其親其有焉於是祁奚老矣聞之乘馹而見宣子曰詩曰惠我無疆

子孫保之書曰聖有謨勲明徵定保夫謀而鮮過惠訓不倦者叔向有焉社稷之固也猶將十世宥之以勸能者今壹不免其身以棄社稷不亦惑乎若之何其以虎也棄社稷子為善誰敢不勉多殺何為宣子説與之乗以言諸公而免之不見叔向而歸叔向亦不告免焉而朝子午嗣祁奚辭於軍尉公問代孰可對曰臣之子午可人有言曰擇臣莫若君擇子莫若父午之少也婉以從令遊有鄉處有所好學而不戲其壯也彊志而用命

守業而不淫其冠也和安而好敬柔惠小物而鎮定大事有直質而無流心非義不變非上不舉若臨大事其可以賢於臣也臣請薦所能擇而君比義焉公從之沒平公軍無秕政

魯叔孫穆子

叔孫穆子僑如之弟叔孫豹也亦曰穆叔穆姜淫于僑如將亂豹奔齊僑如事敗亦奔齊乃召豹于齊而立之

穆姜薨於東宮始往而筮之遇艮之隨史曰隨其出也

君必速出姜曰亡易曰隨元亨利貞无咎元體之長也亨嘉之會也利義之和也貞事之幹也體仁足以長人嘉德足以合禮利物足以和義貞固足以幹事然故不可誣也是以雖隨无咎今我婦人而與於亂固在下位而有不仁不可謂元不靖國家不可謂亨作而害身不可謂利棄位而姣不可謂貞有四德者隨而无咎我皆無之豈隨也哉我則取惡能無咎乎必死於此弗得出矣襄四年穆叔如晉報知武子之聘也晉侯享之金奏

肆夏之三不拜工歌文王之三又不拜歌鹿鳴之三三拜韓獻子使行人子貟問之曰子以君命辱於敝邑先君之禮藉之以樂以辱吾子吾子舍其大而重拜其細敢問何禮也對曰三夏天子所以享元侯也文王兩君相見之樂也臣不敢及鹿鳴君所以嘉寡君也敢不拜嘉四牡君所以勞使臣也敢不重拜皇皇者華君教使臣曰必諮於周臣聞之訪問於善為咨咨親為詢咨禮為度咨事為諏咨難為謀臣獲五善敢不重拜十四年

豹會諸侯伐秦及涇不濟叔向見穆子穆子賦匏有苦葉叔向曰苦匏不材於人共濟而已叔向退而具舟遂濟二十四年春穆叔如晉范宣子逆之問焉曰古人有言曰死而不朽何謂也穆叔未對宣子曰昔匄之祖自虞以上為陶唐氏在夏為御龍氏在商為豕韋氏在周為唐杜氏晉主夏盟為范氏其是之謂乎穆叔曰以豹所聞此之謂世禄非不朽也魯有先大夫曰臧文仲既没其言立其是之謂乎豹聞之太上有立德其次有立

功其次有立言雖久不廢此之謂不朽若夫保姓受氏以守宗祊世不絶祀無國無之祿之大者不可謂不朽

三十一年至自會見孟孝伯曰趙孟將死矣其語偷不似民主且年未盈五十而諄諄焉如八九十者弗能久矣孝伯曰人生幾何誰能無偷朝不及夕將安用樹穆叔出而告人曰孟孫將死矣吾語諸趙孟之偷也而又甚焉夏公作楚宮穆叔曰泰誓云民之所欲天必從之君欲楚也夫故作其宮若不復適楚必死是宮也六月

辛巳公薨于楚宫昭元年虢之會楚公子圍二人執戈先馬穆子曰天子有虎賁習武訓也諸侯有旅賁禦災害也大夫有貳車備承事也士有陪乘告奔走也今大夫而設諸侯之服有其心矣夫服心之文也如龜焉灼其中必文於外若楚公子不為君必死是會也季武子伐莒莒人告於會楚請戮其使樂桓子相趙文子欲求貨於叔孫而為之請焉弗與梁其踁曰貨以藩身子何愛焉叔孫曰諸侯之會衛社稷也我以貨免魯必受師

是禍之也何衛之為人之有牆以蔽惡也牆之隙壞誰之咎也衛而惡之吾又甚焉趙孟聞之曰臨患不忘國忠也思難不越官信也圖國忘死貞也謀主三者義也有是四者又可戮乎趙文子謂叔孫曰楚令尹剛而尚寵若及必弗避也子盍逃之對曰豹也受命於君以從諸侯之盟為社稷也若魯有罪而受盟者逃魯必不免是吾出而危之也若為諸侯戮者魯誅盡矣必不加師請為戮也夫戮出於身實難自他及之何害苟可以安

君利國美惡一也文子曰有人不難以死安利其國可無愛乎若皆恤國如是則大不喪威而小不見陵矣若是道也果可以教訓何敗國之有乃請諸楚而免之叔孫歸曾夭御季孫以勞之旦及日中不出曾夭謂曾阜曰旦及日中吾知罪矣魯以相忍為國也忍其外不忍其内焉用之阜曰數月於外一旦於是庸何傷賈而欲贏而惡囂乎阜謂叔孫曰可以出矣叔孫指楹曰雖惡是其可去乎乃出見之穆叔善觀人孫文子並登慶封

之氾祭伯有之不敬悉前知其亡為豎牛所惑不食而卒四年十二月乙卯亡季札來聘見穆子說之曰子其不得死乎好善而不能擇人吾子為魯宗卿而任其大政不慎舉何以堪之禍必及子卒如其言初襄十一年季武子將作三軍告穆子曰請為三軍各征其軍穆子曰政將及子子必不能武子固請之穆子曰然則盟諸乃盟諸僖閎詛諸五父之衢昭四年叔孫卒季孫謀去中軍明年正月舍中軍使杜洩告於殯曰子固欲毀中

軍既毀之矣故告杜洩曰夫子唯不欲毀也故盟諸僖閎授其書而投之師士而哭之

晉張老

張老名趯字孟晉大夫也悼公即位知張老之知而不詐也使為候奄始公使張老為卿辭曰臣不如魏絳之知能治大官若在卿位外内必平乃使為司馬絳佐新軍趙文子為室斲其椽而礱之張老夕焉而見之不謁而歸文子聞之駕而往曰吾不善子亦告我何其速也

對曰天子之室斲其椽而礱之加密石焉諸侯礱之大夫斲之士首之備其物義也從其等禮也今子貴而忘義富而忘禮吾懼不免何敢以告文子歸令之勿礱也匠人請皆斲之文子曰止為後世之見之也其斲者仁者之為也其礱者不仁者之為也

魯臧孫紇武仲

臧孫紇字武仲宣叔之子也襄十八年諸侯圍齊十九年伐齊季武子以所得於齊之兵作林鍾而銘魯功焉

武仲曰非禮也夫銘天子令德諸侯言時計功大夫稱伐今稱伐則下等也計功則借人也言時則妨民多矣何以為銘且夫大伐小取其所得以作彛器銘其功烈以示子孫昭明德而懲無禮也今將借人之力以救其死若之何銘之小國幸於大國而昭所獲焉以怒之亡之道也二十一年邾庶其以漆閭丘來奔季武子以公姑姊妻之皆有賜於其從者於是魯多盜季孫謂武仲曰子盍詰盜武仲曰不可詰也子召外盜而大禮焉何

以止吾盜紇也聞之在上位者洒濯其心壹以待人軌度其信可明徵也而後可以治人夫上之所為民之歸也上所不為而民或為之是以加刑罰焉而莫敢不懲若上之所為而民亦為之乃其所也又可禁乎季武子無適子公彌長而愛悼子欲立之訪於紇紇為立悼子而以公彌為馬正孟孫自是惡臧孫而季孫愛之及孟孫卒臧孫入哭甚哀多涕出其御曰孟孫之惡子也而哀如是季孫若死其若之何臧孫曰季孫之愛我疾疢

也孟孫之惡我藥石也美疢不如惡石夫石猶生我疢之美其毒滋多孟孫死吾亡無日矣孟氏閉門告於季孫曰臧氏將為亂不使我葬臧孫聞之戒季孫怒命攻臧氏紇出奔邾武仲自邾使告臧賈且致大蔡焉曰紇不佞失守宗祧敢告不弔紇之罪不及不祀子以大蔡納請其可賈再拜受龜使為以納請遂自為也臧孫如防使來告曰紇非敢私請苟守先祀無廢二勲敢不辟邑乃立臧為臧紇致防而奔齊齊莊公將為臧紇田臧

孫聞之見齊侯與之言伐晉對曰多則多矣抑君似鼠夫鼠晝伏夜動不穴於寢廟畏人故也今君聞晉之亂而後作焉寧將事之非鼠何如乃弗與田昭十年季平子伐莒取郠獻俘始用人於亳社武仲在齊聞之曰周公其不饗魯祭乎周公饗義魯無義詩曰德音孔昭視民不恌恌之謂甚矣而壹用之將誰福哉終于齊顏回問于孔子曰臧文仲武仲孰賢孔子曰武仲賢哉回曰武仲世稱聖人而身不免於罪是知不足稱也好言兵

討而挫銳於邾是智不足名也夫文仲其身雖没而言不朽惡有未賢孔子曰身没言立所以為文仲也然猶有不仁者三不智者三是其不及武仲也回曰可得聞乎孔子曰下展禽廢六關妾織蒲三不仁也設虛器縱逆祀祀海鳥三不智也武仲在齊齊將有禍不受其田以避其難是知之難也夫臧武仲之知而不容於魯抑有由焉作不順而施不恕也

宋向戌

向戌宋合左師也十五年華元使為左師襄九年宋災戌有助馬晉荀偃士匄滅偪陽以封戌戌辭曰君若猶辱鎮撫宋國而以偪陽光啓寡君羣臣安矣其何貺如之若專賜臣是臣興諸侯以自封也其何罪大焉敢以死請乃予宋公二十六年宋公殺其太子痤痤美而狠合左師畏而惡之與寺人伊戾誣諸宋公而殺之公徐聞其無罪也乃亨伊戾戌善於晉趙文子又善於楚令尹子木欲弭諸侯之兵以為名如晉如楚如齊許之告

於秦秦亦許之皆告於小國為會于宋二十七年七月辛巳盟于宋西門之外左師請賞曰請免死之邑公與之邑六十以示子罕子罕曰凡諸侯小國晉楚所以兵威之畏而後上下慈和慈和而後能安靖其國家以事大國所以存也無威則驕驕則亂生亂生必滅所以亡也天生五材民並用之廢一不可誰能去兵兵之設久矣所以威不軌而昭文德也聖人以興亂人以廢廢興存亡昏明之術皆兵之由也而子求去之不亦誣乎以

誣道蔽諸侯罪莫大焉縱無大討而又求賞無厭之甚也削而投之左師辭邑向氏欲攻司城左師曰我將亡夫子存我德莫大焉又可攻乎君子曰彼其之子邦之司直樂喜之謂乎何以恤我我其收之向戌之謂乎二十八年為宋之盟故公及宋公如楚及漢楚康王卒公欲反叔仲昭伯曰我楚國之為豈為一人行也公遂行向戌曰我一人之為非為楚也饑寒之不恤誰能恤楚姑歸而息民待其立君而為之備宋公遂反

晉荀偃 中行獻子

荀偃字伯游是為中行獻子父庚襄十六年會于溴梁晉侯與諸侯宴于温使諸大夫舞曰歌詩必類齊高厚之詩不類偃怒且曰諸侯有異志矣使諸大夫盟高厚高厚逃歸十八年諸侯伐齊晉侯將濟河獻子以朱絲係玉二瑴而禱曰齊環怙恃其險負其衆庶棄好背盟陵虐神主曾臣彪將率諸侯以討焉其官臣偃實先後之荀捷有功無作神羞官臣偃無敢復濟唯爾有神裁

之沈玉而濟十月丙寅晦齊師夜遁師曠告晉侯曰烏烏之聲樂齊師其遁邢伯告中行伯曰有班馬之聲齊師其遁叔向告晉侯曰城上有烏齊師其遁十九年春晉侯伐齊先歸公饗晉六卿于蒲圃賜之三命之服軍尉司馬司空輿尉候奄皆受一命之服賄偃束錦加璧乘馬先吳壽夢之鼎偃歸濟河病二月甲寅卒而視不可含宣子盥而撫之曰事吳敢不如事主猶視欒懷子曰其為未卒事於齊故也乎乃復撫之曰主苟終所不

嗣事於齊者有如河乃瞑受含宣子出曰吾淺之為丈夫也

贊曰魏莊子有綏御之才有諫諍之忠內修政事以懷諸侯外和戎狄以佐中夏故能三駕九合莫之與爭雖蒙金石之賞猶不忘戒君子哉韓厥之忠趙武之仁魏絳之忠其後俱有國有由者矣祁奚舉善無私心釋人無私德斯民也三代之所以直道而行也穆子質直而好義博聞而強識季文孟獻所不逮也然蔽於所習卒

以饑死葢明於見人而暗於自見哲人之患也季札嘗戒其不擇人卒以此取禍哀哉孔子曰知及之仁不能守之雖得之必失之其武仲之謂乎魯人以為聖而無容其身者内恕不及也然知齊莊公之亂而託言以拒其禄此所以為知也無義偃兵造兵之始也向戌無安人之實而欲取名以干賞楚王方死諸侯未背而已先之烏在其欲弭兵也子罕削而投之當矣且助伊戾之譖而殺太子邪也得共姬之賂而稱夫人貪也貪邪自

亂也自亂亂而欲已人之亂妾人也共姬宋共公之妾使賂戍錦與馬先之以

玉戍遂稱之曰君夫人再拜稽首而受之

春秋臣傳卷十六

欽定四庫全書

春秋臣傳卷十七

宋　王當　撰

襄公一

宋子罕

子罕宋司城樂喜也十五年鄭尉氏之亂其餘盜在宋鄭人納賂於宋以馬四十乘與師茷師慧過宋朝將私馬其相曰朝也慧曰無人焉相曰朝也何故無人慧曰

必無人焉若猶有人豈其以千乘之相易淫樂之矇必無人焉故也子罕聞之固請歸之宋人或得玉獻諸子罕子罕弗受獻玉者曰以示玉人玉人以爲寶也故敢獻之子罕曰我以不貪爲寶爾以玉爲寶若以與我皆喪寶也不若人有其寶稽首而告曰小人懷璧不可以越鄉納此以請死也子罕寘諸其里使玉人爲之攻之富而後使復其所宋皇國父爲太宰爲平公築臺妨於農收子罕請俟農功之畢公勿許築者謳曰澤門之晳

實興我役邑中之黔實慰我心子罕聞之親執扑以行
築者而抶其不勉者曰吾儕小人皆有闔廬以辟燥濕
寒暑今君為一臺而不速成何以為役謳者乃止或問
其故子罕曰宋國區區而有詛有祝禍之本也向戌彊
兵請邑以示子罕子罕削而投之左師辭邑不以為怨
鄭子展卒子皮即位於是鄭饑而未及麥民病子皮以
子展之命餼國人粟戶一鍾是以得鄭國之民常掌國
政以為上卿子罕聞之曰鄰於善民之望也宋亦饑請

於平公出公粟以貸使大夫皆貸司城氏貸而不書為大夫之無者貸宋無飢人叔向聞之曰鄭之罕宋之樂其後亡者也其皆得國乎民之歸也施而不德樂氏加焉其以宋升降乎

周劉定公

劉定公名夏周大夫也昭元年虢之盟景王使定公勞趙孟於潁館於洛汭劉子曰美哉禹功明德遠矣微禹吾其魚乎吾與子弁冕端委以治民臨諸侯禹之力也

子盍亦遠績禹功而大庇民乎對曰老夫罪戾是懼焉能恤遠吾儕偷食朝不謀夕何其長也劉子歸以語王曰諺所謂老將知而耄及之者其趙孟之謂乎為晉正卿以主諸侯而儕於隸人朝不謀夕棄神人矣神怒民叛何以能久趙孟不復年矣神怒不歆其祀民叛不即其事祀事不從又何以年

晉韓起

韓起獻子之子也是曰宣子獻子請老起為卿昭二年

宣子來聘觀書於太史氏見易象與魯春秋曰周禮盡
在魯矣吾乃今知周公之德與周之所以王也公享之
既享宴于季氏有嘉樹焉宣子譽之季武子曰宿敢不
封殖此樹遂賦甘棠宣子曰起不堪也無以及召公叔
向見宣子宣子憂貧叔向賀之宣子曰吾有卿之名而
無其實吾是以憂子賀我何故對曰昔欒武子無一卒
之田其官不備其宗器宣其德行順其憲則以正晉國
以免於難郤昭子其富半公室其家半三軍恃其富寵

以泰於國其身尸於朝其宗滅於絳不然夫八郤五大夫三卿其寵大矣一朝而滅莫之哀也惟無德也今吾子有欒武子之貧吾以為能其德矣是以賀若不憂德之不建而患貨之不足將弔不暇何賀之有宣子拜稽首焉曰起也將亡賴子存之非起也敢專承之其自桓叔以下嘉吾子之賜九年周甘人與晉閻嘉爭閻田晉梁丙張趯率陰戎伐潁王使詹桓伯辭於晉曰我自夏以后稷魏駘芮岐畢吾西土也及武王克商蒲姑商奄

吾東土也巴濮楚鄧吾南土也肅慎燕亳吾北土也吾何邇封之有文武成康之建母弟以蕃屏周豈如弁髦而因以敝之后稷封殖天下今戎制之不亦難乎伯父圖之我在伯父猶衣服之有冠冕木水之有本原民人之有謀主也伯父若裂冠毀冕拔本塞原專棄謀主雖戎狄其何有余一人叔向謂宣子曰王辭直子其圖之宣子說使趙成如周致閻田歸潁俘王亦使賓滑執甘大夫襄以說於晉晉人禮而歸之十六年宣子聘於鄭

宣子有環其一在鄭商宣子謁諸鄭伯子產弗與曰非官府之守器也寡君不知子太叔謂子產曰韓子亦無幾求晉國亦未可以貳吾子何愛於一環其以取憎於大國也子產曰僑聞君子非無賄之難立而無令名之患大國之求無禮以斥之何厭之有吾且為鄙邑則失位矣若韓子奉命以使而求玉焉貪淫甚矣獨非罪乎出一玉以起二罪吾又失位韓子成貪將焉用之韓子辭玉曰起不敏敢求玉以徼二罪敢辭之夏四月鄭六

卿餞宣子於郊宣子曰二三君子請皆賦起亦以知鄭志子齹賦野有蔓草宣子曰孺子善哉吾有望矣子產賦鄭之羔裘宣子曰起不堪也子太叔賦褰裳宣子曰起在此敢勤子至於他人乎子游賦風雨子旗賦有女同車子柳賦蘀兮宣子喜曰鄭其庶乎二三君子以君命貺起賦不出鄭志二三君子數世之主也可以無懼矣宣子皆獻馬焉而賦我將子產拜使五卿皆拜曰吾子靖亂敢不拜德宣子私覲於子產以玉與馬曰子命

起舍夫玉是賜我玉而免吾死也敢不藉手以拜

鄭子展

子展鄭卿公孫舍之也父曰公子喜字子罕穆公之子也襄二十五年六月鄭子展子産伐陳陳及鄭平明年鄭伯賞入陳之功享子展賜之先路三命之服先八邑賜子産次路再命之服先六邑晉人討衛疆戚田執衛侯七月齊侯鄭伯為衛侯故如晉晉侯兼享之國景子相齊侯賦蓼蕭子展相鄭伯賦緇衣遂與國弱請釋衛

侯叔向曰鄭七穆罕氏其後亡者也子展儉而壹

晉士弱

士弱字伯瑕晉大夫也士貞伯之子是為士莊子也襄九年宋災晉侯問於士弱對曰古之火正或食於心或食於咮以出內火是故咮為鶉火心為大火陶唐氏之火正閼伯居商丘祀大火而火紀時焉相土因之故商主大火商人閱其禍敗之釁必始於火是以日知其有天道也公曰可必乎對曰在道國亂無象不可知也鍾

離之會齊高厚相太子光於會不敬士莊子曰會諸侯
將社稷是衛而皆不敬棄社稷也其將不免乎昭六年
鄭鑄刑書士文伯曰火見鄭其火乎火未出而作火以
鑄刑器藏爭辟焉火如象之不火何為明年四月甲辰
朔日有食之平公問於士文伯曰誰當日食對曰魯衛
惡之衛大魯小公曰何故對曰去衛地如魯地於是有
災魯實受之其大咎其衛君乎魯將上卿公曰詩所謂
彼日而食于何不臧者何也對曰不善政之謂也國無

政不用善則自取讁於日月之災故政不可不慎也務三而已一曰擇人二曰因民三曰從時十二年諸侯朝晉通嗣君也晉昭公以齊景公宴中行穆子相投壺晉侯先穆子曰有酒如淮有肉如坻寡君中此為諸侯師中之齊侯舉矢曰有酒如澠有肉如陵寡人中此與君代興亦中之伯瑕謂穆子曰子失辭吾固師諸侯矣壺何為焉其以中儁也齊君弱吾君歸弗來矣

魯季孫宿武子

季孫宿季文子之子也是曰季武子戲之盟襄公送晉
悼公以宴于河上問公年季武子對曰會于沙隨之歲
寡君以生晉侯曰十二年矣是謂一終一星終也國君
十五而生子冠而生子禮也君可以冠矣大夫盍為冠
具武子對曰君冠必以祼享之禮行之以金石之樂節
之以先王之祧處之今寡君在行未可具也請及兄弟
之國而假備焉晉侯曰諾公還及衛冠于成公之廟假
鍾磬焉禮也襄十一年春武子作三軍三分公室而各

有其一季氏使其乘之人以其役邑入者無征不入者倍征孟氏使半為臣若子若弟叔孫氏使盡為臣不然不舍十九年如晉拜師晉侯饗之范宣子為政賦黍苗武子拜曰小國之仰大國也如百穀之仰膏雨焉若常膏之天下輯睦豈唯敝邑賦六月武子以所得於齊之兵作林鐘而銘魯功焉二十九年春王正月公在楚夏公還及方城武子取卞使公冶問曰聞守卞者將叛臣帥徒以討之既得之矣敢告公冶致使而退及舍而後

聞取下公曰欲之而言叛祇見疏也公謂公冶曰吾可以入乎對曰君實有國誰敢違君公與公冶冕服固辭強之而後受公欲無入榮成伯賦式微乃歸五月公至自楚公冶致其邑於季氏而終不入焉曰欺其君何必使余季孫見之則言季氏如他日不見則終不言季氏及疾聚其臣曰我死必無以冕服斂非德賞也且無使季氏葬我昭五年季孫舍中軍卑公室也四分公室季氏擇二二子各一皆盡征之而貢于公七年十一月卒

魯申豐

申豐魯季氏屬大夫也季武子無適子公彌長而愛悼子欲立之訪於豐曰彌與紇吾俱愛之欲擇而立之豐趨退盡室將行他日又訪焉曰其然將具敝車而行乃止昭四年正月大雨雹季氏問於豐曰雹可禦乎對曰聖人在上無雹雖有不爲災古者日在北陸而藏冰西陸朝覿而出之其藏冰也深山窮谷固陰沍寒於是乎取之其出之也朝之祿位賓食喪祭於是乎用之其藏

之也黑牡秬黍以享司寒其出之也桃弧棘矢以除其災其出入也時食肉之祿冰皆與馬大夫命婦喪浴用冰祭寒而藏之獻羔而啓之公始用之火出而畢賦自命夫命婦至於老疾無不受冰山人取之縣人傳之輿人納之隸人藏之夫冰以風壯而以風出其藏之也周其用之也徧則冬無愆陽夏無伏陰春無淒風秋無苦雨雷出不震無菑霜雹癘疾不降民不夭札今藏川池之冰棄而不用風不越而殺雷不發而震雹之為菑誰

能禦之七月之卒章藏冰之道也二十六年齊侯將納昭公命無受魯貨豐以幣錦二兩縛一如瑱適齊師賂梁丘據以言於齊侯遂不果納公

贊曰子罕不貪以為寶幾於仁矣惟仁者能好人能惡人故遂子蕩削向戌分謗救患乃其優為也劉夏以求后來賜齊侯命周室爵禄輕矣復禹功成王周公之事也而夏以責趙孟非其任矣韓宣子而知任人可謂賢矣至州田之請玉環之市未免有貪利玩物之累焉此

亦中人之所常為而春秋責備於賢則可惜也然卒能畏人自止亦異於人矣鄭介於晉楚事楚則晉伐之事晉則楚伐之不堪命矣微子展則國不國也子展出疆助善内睦其族外交諸侯而守之以共儉信乎其後亡也士莊子父子知足以知得失晉之良大夫也季武子不待君命而取邑不臣之心見矣何以訓後嗣哉楚莊克晉猶不敢築京觀季氏因人成事而父立武宫子作林鍾不度也矣申豐學問贍敏然知守正於季氏而不

知效知於昭公失輕重之義矣

春秋臣傳卷十七

欽定四庫全書

春秋臣傳卷十八

宋　王當　撰

襄公二

鄭子產

子產鄭卿公孫僑也一字子美氏曰國二十二年夏晉人徵朝于鄭范宣子為政諸侯之幣重子產寓書於宣子乃輕幣鄭入陳子產獻陳捷于晉戎服將事晉人問

陳之罪何故侵小問何故戎服子產對士莊伯不能詰復於趙文子文子曰其辭順犯順不祥乃受之仲尼曰志有之言以足志文以足言不言誰知其志言之無文行而不遠慎辭哉鄭伯賞入陳之功賜子產次路再命之服先六邑子產辭邑曰自上以下降殺以兩禮也臣之位在四且子展之功也臣不敢及賞禮請辭公固予之乃受三邑公孫揮曰子產其將知政矣讓不失禮二十八年秋蔡侯入鄭鄭伯享之不敬子產曰蔡侯其不

免乎曰其過此也君使子展廷勞於東門之外而傲吾
曰猶將更之今還受饗而惰乃其心也君小國事大國
而惰傲以為己心將得死乎若不免必由其子其為君
也淫而不父僑聞之如是者恒有子禍後二年世子弑
之三十年子皮授子產政子產使都鄙有章上下有服
田有封洫廬井有伍大人之忠儉者從而與之泰侈者
因而斃之從政一年輿人誦之曰取我衣冠而褚之取
我田疇而伍之孰殺子產吾其與之及三年又誦之曰

我有子弟子產誨之我有田疇子產殖之子產而死誰其嗣之子產之從政也擇能而使之馮簡子能斷大事子太叔美秀而文公孫揮能知四國之為而辨其大夫族姓班位貴賤能否而又善為辭令裨諶能謀謀於野則獲謀於邑則否鄭國將有諸侯之事子產乃問四國之為於子羽且使多為辭令與裨諶乘以適野使謀可否而告馮簡子使斷之事成乃授子太叔使行之以應對賓客是以鮮有敗事北宫文子所謂有禮也六月子

產相鄭伯如晉晉侯以魯襄公之喪故未見也子產使盡壞其館之垣而納車馬士文伯讓之對曰僑聞文公之為盟主也宮室卑庳無觀臺榭以崇大諸侯之館館如公寢庫廄繕修司空以時平易道路圬人以時塓飾宮室諸侯賓至甸設庭燎僕人巡宮車馬有所賓從有代巾車脂轄隸人牧圉各瞻其事百官之屬各展其物公不留賓而亦無廢事憂樂同之事則巡之教其不知而恤其不足賓至如歸不畏寇盜而亦不患燥濕今銅

鞮之宫數里而諸侯舍於隸人門不容車而不可踰越盜賊公行而夭癘不戒賓見無時命不可知若又勿壞是無所藏幣以重罪也雖君之有魯喪亦敝邑之憂也若獲薦幣修垣而行君之惠也敢憚勤勞文伯復命趙文子曰是吾罪也使謝不敏焉晉侯見鄭伯有加禮厚其宴好而歸之乃築諸侯之館叔向曰辭之不可以已也如是夫子産有辭諸侯賴之若之何其釋辭也詩曰辭之輯矣民之協矣辭之繹矣民之莫矣其知之矣昭

元年晉平公有疾鄭伯使僑如晉聘且問疾叔向問曰
寡君之疾病卜人曰實沈臺駘為祟史莫之知敢問此
何神也子產曰昔高辛氏有二子伯曰閼伯季曰實沈
居于曠林不相能也日尋干戈以相征討后帝不臧遷
閼伯于商丘主辰商人是因故辰為商星遷實沈于大
夏主參唐人是因以服事夏商其季世曰唐叔虞當武
王邑姜方震太叔夢帝謂己余命而子曰虞將與之唐
屬諸參而蕃育其子孫及生有文在手曰虞遂以命之

及成王滅唐而封大叔焉故參為晉星由是觀之則實沈參神也昔金天氏有裔子曰昧為玄冥師生允格臺駘臺駘能業其官宣汾洮障大澤以處大原帝用嘉之封諸汾川沈姒蓐黄實守其祀今晉主汾而滅之由是觀之則臺駘汾神也抑此二者不及君身山川之神則水旱癘疫之災於是乎禜之日月星辰之神則雪霜風雨之不時於是乎禜之若君身則亦飲食哀樂之事也山川星辰之神何為焉僑聞之君子有四時朝以聽政

晝以訪問夕以修令夜以安身於是乎節宣其氣勿使有所壅閉湫底以露其體玆心不爽而昏亂百度今無乃壹之則生疾矣僑又聞之内官不及同姓其生不殖君子是以惡之故志曰買妾不知其姓則卜之違此二者古之所慎也男女辨姓禮之大司也今君内實有四姬焉其無乃是也乎叔向曰善哉晉侯聞子產之言曰博物君子也重賄之四年子產作丘賦國人謗之曰其父死於路已為蠆尾以令於國國將若之何子寬以告

子產曰何害苟利社稷死生以之且吾聞為善者不改其度故能有濟也民不可逞度不可改詩曰禮義不愆何恤于人言吾不遷矣渾罕曰國氏其先亡乎君子作法於涼其敝猶貪作法於貪敝將若之何七年子產聘晉晉侯有疾韓宣子逆客私焉曰寡君寢疾於今三月矣並走羣望有加而無瘳今夢黃熊入于寢門其何厲鬼也對曰以君之明子為大政其何厲之有昔堯殛鯀于羽山其神化為黃熊入于羽淵實為夏郊三代祀之

晉為盟主其或者未之祀也乎韓子祀夏郊晉侯有閒賜子產莒之二方鼎十三年相鄭伯會于平丘及盟子產爭承曰鄭伯男也而使從公侯之貢懼弗給也敢以為請諸侯脩盟存小國也貢獻無極亡可待也自日中以爭至于昏晉人許之既盟子大叔咎之曰諸侯若討其可瀆乎子產曰晉政多門貳偷之不暇何暇討仲尼謂子產於是行也足以為國基矣詩曰樂只君子邦家之基子產君子之求樂者也且曰合諸侯藝貢事禮也

十九年鄭大水龍闘于時門之外洧淵國人請為禜焉子產弗許曰我闘龍不我覿也龍闘我獨何覿焉禳之則彼其室也吾無求於龍龍亦無求於我乃止二十年子產有疾謂子大叔曰我死子必為政唯有德者能以寬服民其次莫如猛夫火烈民望而畏之故鮮死焉水懦弱民狎而翫之則多死焉故寬難疾數月而卒大叔為政不忍猛而寬鄭國多盜取人於萑苻之澤太叔悔之曰吾蚤從夫子不及此興徒兵以攻萑苻之盜盡殺

之盜少止仲尼曰善哉政寬則民慢慢則糾之以猛猛則民殘殘則施之以寛寛以濟猛猛以濟寛政是以和子產卒仲尼聞之出涕曰古之遺愛也子產為人篤信自守若叔向譏其鑄刑書裨竈之請瓘玉穰火韓宣子求市玉環晉人之問立駟乞竟不顧也然樂于聞善程鄭卒以然明為賢而問政焉及鄭人議執政然明嘗使毀鄉校亦不從也其行法不避親貴故南子子皙之罪不貸也然蒐葬除道在子大叔之廟有所縱舍焉子皮

載幣如晉葬子大叔以幄幕九張會平丘請具行器以

適楚始未以為然卒皆如其言也已雖廉潔不以望人

故伯石之欲將欲使之必與之邑至哀死親親尤盡其

至若伯有是也故季札一見如舊昭十二年鄭簡公卒

將為葬除及游氏之廟將毀焉子大叔使其徒執用以

立而無庸毀曰子産過女而問何故不毀曰不忍廟也

諸將毀矣既如是子産乃使辟之司墓之室有當道者

毀之則朝而堋弗毀則日中而堋子大叔請毀之曰無

若諸侯之賓何子產曰諸侯之賓能來會豈憚日中無損於賓而民不害何故不為遂弗毀日中而葬君子謂子産於是乎知禮禮無毀人以自成也

吳季子

季子名札吳子壽夢之少子諸樊之弟也本封延陵後封州來故曰延陵州來季子十二年壽夢卒十四年諸樊既除喪將立札札辭曰曹宣公之卒也諸侯與曹人不義曹君將立子臧子臧去之遂弗為也以成曹君君

子曰能守節君義嗣也誰敢奸君有國非吾節也札雖不才願附於子臧以無失節固立之棄其室而耕乃舍之立吴子餘祭二十九年札來聘通嗣君也見叔孫穆子說之請觀於周樂使工為之歌周南召南曰美哉始基之矣猶未也然勤而不怨矣為之歌邶鄘衛曰美哉淵乎憂而不困者也吾聞衛康叔武公之德如是是其衛風乎為之歌王曰美哉思而不懼其周之東乎為之歌鄭曰美哉其細已甚民勿堪也是其先亡乎為之歌

齊曰美哉泱泱乎大風也哉表東海者其太公乎國未可量也為之歌豳曰美哉蕩乎樂而不淫其周公之東乎為之歌秦曰此之謂夏聲夫能夏則大大之至也其周之舊乎為之歌魏曰美哉渢渢乎大而婉險而易行以德輔此則明主也為之歌唐曰思深哉其有陶唐氏之遺民乎不然何憂之遠也非令德之後誰能若是為之歌陳曰國無主其能久乎自鄶以下無譏焉為之歌小雅曰美哉思而不貳怨而不言其周德之衰乎猶有

先王之遺民焉為之歌大雅曰廣哉熙熙乎曲而有直體其文王之德乎為之歌頌曰至矣哉直而不倨曲而不屈邇而不偪遠而不攜遷而不淫復而不厭哀而不愁樂而不荒用而不匱廣而不宣施而不費取而不貪處而不底行而不流五聲和八風平節有度守有序盛德之所同也見舞象箾南籥者曰美哉猶有憾見舞大武者曰美哉周之盛也其若此乎見舞韶濩者曰聖人之弘也而猶有慙德聖人之難也見舞大夏者曰美哉

勤而不德非禹其誰能脩之見舞韶箾者曰德至矣哉大矣如天之無不幬也如地之無不載也雖甚盛德其蔑以加於此矣觀止矣若有他樂吾不敢請已其出聘也通嗣君也故遂聘于齊說晏平仲謂之曰子速納邑與政無邑無政乃免於難齊國之政將有所歸未獲所歸難未歇也故晏子因陳桓子以納政與邑是以免於欒高之難聘於鄭見子產如舊相識與之縞帶子產獻紵衣焉謂子產曰鄭之執政侈難將至矣政必及子子

為政慎之以禮不然鄭國將敗適衛說蘧瑗史狗史鰌公子荊公叔發公子朝曰衛多君子未有患也自衛如晉將宿於戚聞鐘聲焉曰異哉吾聞之也辯而不德必加於戮夫子獲罪於君以在此懼猶不足而又何樂夫子之在此也猶燕之巢于幕上君又在殯而可以樂乎遂去之文子聞之終身不聽琴瑟適晉說趙文子韓宣子魏獻子曰晉國其萃於三族乎說叔向將行謂叔向曰吾子勉之君侈而多良大夫皆富政將在家吾子好

直必思自免於難哀十年楚子期伐陳札救陳謂子期曰二君不務德而力爭諸侯民何罪焉我請退以為子名務德而安民乃還季子時年九十餘

晉叔向

叔向晉大夫羊舌肸也羊舌大夫之孫悼公以為傅范宣子逐欒盈殺十大夫叔向弟叔虎與焉宣子囚伯華叔向賴祁奚救而免初叔向之母妬叔虎之母美而不使其子皆諫其母其母曰深山大澤實生龍蛇彼美子

懼其生龍蛇以禍女女敝族也國多大寵不仁人間之
不亦難乎余何愛焉使往視寢生叔虎美而有勇力欒
懷子嬖之故羊舌氏之族及於難宋之盟趙孟患楚衷
甲以告叔向叔向曰何害也匹夫一為不信猶不可單
斃其死若合諸侯之卿以為不信必不捷矣夫以信召
人而以僭濟之非所患也晉楚爭先叔向謂趙孟曰子
務德無爭先乃先楚人書先晉晉有信也昭六年鄭人
鑄刑書叔向使詒子産書曰始吾有虞於子今則已矣

昔先王議事以制不為刑辟懼民之有爭心也夏有亂政而作禹刑商有亂政而作湯刑周有亂政而作九刑三辟之興皆叔世也今吾子相鄭國作封洫立謗政制參辟鑄刑書將以靖民不亦難乎詩曰儀式刑文王之德日靖四方又曰儀刑文王萬邦作孚如是何辟之有民知爭端矣將棄禮而徵於書錐刀之末將盡爭之亂獄滋豐賄賂並行終子之世鄭其敗乎肸聞之國將亡必多制其此之謂乎復書曰若吾子之言僑不才不能

及子孫吾以救世也既不承命敢忘大惠十一年秋單
子會韓宣子于戚視下言徐叔向曰單子其將死乎朝
有著定會有表衣有襘帶有結會朝之言必聞于表著
之位所以昭事序也視不過結襘之中所以道容貌也
言以命之容貌以明之失則有闕今單子為王官伯而
命事於會視不登帶言不過步貌不道容而言不昭矣
不道不共不昭不從無守氣矣十二年楚子黍歸韓宣
子問叔向曰子千其濟乎叔向曰子千在晉十三年晉

楚之從不聞達者誰能濟之昔齊桓衛姬之子也有寵於僖有鮑叔牙賓須無隰朋以為輔佐有莒衛以為外主有國高以為內主從善如流下善齊肅不藏賄不從欲施舍不倦求善不厭是以有國不亦宜乎我先君文公狐季姬之子也有寵於獻好學而不貳生十七年有士五人有先大夫子餘子犯以為腹心有魏犨賈佗以為股肱有齊宋秦楚以為外主有欒郤狐先以為內主亡十九年守志彌篤惠懷棄民民從而與之獻無異親

民無異望天方相晉何以代文此二君者異於子干晉成虒祁諸侯朝而歸者皆有貳心叔向曰諸侯不可以不示威乃並徵會告於吳七月治兵于邾南甲車四千乘羊舌鮒攝司馬次于衛地叔鮒求貨於衛淫芻蕘者衛人使屠伯饋叔向羮與一篋錦曰諸侯事晉未敢攜貳況衛在君之宇下而敢有異志芻蕘者異於他日敢請之叔向受羮反錦曰晉有羊舌鮒者瀆貨無厭亦將及矣為此役也子以君命賜之其已客從之未退而禁

之甲戌同盟于平丘齊服也諸侯畏之十四年邢侯與雍子爭鄐田久而無成士景伯如楚叔魚攝理韓宣子命斷舊獄罪在雍子雍子納其女於叔魚叔魚蔽罪邢侯邢侯怒殺叔魚與雍子於朝宣子問其罪於叔向叔向曰三人同罪施生戮死可也雍子自知其罪而賂以買直鮒也鬻獄邢侯專殺其罪一也已惡而掠美為昏貪以敗官為墨殺人不忌為賊夏書曰昏墨賊殺臯陶之刑也請從之乃施邢侯而尸雍子與叔魚於市仲尼

曰叔向古之遺直也治國制刑不隱於親三數叔魚之惡不為末減曰義也夫可謂直矣平丘之會數其賄也以寛衛國晉不為暴歸魯季孫稱其詐也以寛魯國晉不為虐邢侯之獄言其貪也以正刑書晉為不頗三言而除三惡加三利殺親益榮猶義也夫初叔魚生其母視之曰是虎目而豕喙鳶肩而牛腹谿壑可盈是不可饜也必以賄死遂弗視終如其言叔向諒直多益平公射鷃不死使豎襄搏之失公怒拘將殺之叔向聞之夕

君告之叔向曰君必殺之昔吾先君唐叔射兕於徒林
殪以為大甲以封於晉今君嗣吾先君射鷃不死搏之
不得是揚吾君之恥者也君其必速殺之勿令遠聞君
忸怩顔乃趣赦之祖羊舌大夫平公問祁奚曰吾聞子
少長乎其所令子掩之何也祁奚對曰其少也恭而順
心有恥而不使其過宿其為大夫也悉善而謙其端其
為輿尉也信而好直其功至於其為容也温良而好禮
博聞而時出其志公曰曩者問子子奚曰不知也祁奚

曰每位改變未知所止是以不取得知也兄銅鞮伯華
孔子謂子貢曰其為人之淵源也多聞而難誕内植足
以没其世國家有道其言足以治無道其默足以生蓋
銅鞮伯華之行也孔子閒處喟然而嘆曰向使銅鞮伯
華無死則天下其有定矣子路曰由願聞其人也子曰
其幼也敏而好學其壯也有勇而不屈其老也有道而
能下人有此三者以定天下何難乎哉子路曰幼而好
學壯而有勇則可也若夫有道下人又誰下哉子曰由

不知吾聞以衆攻寡無不克也以貴下賤無不得也昔者周公居冢宰之尊制天下之政而猶下白屋之士日見百七十人斯豈以無道也欲得士之用也惡其有道而無下天下君子哉子食我嗣昭二十八年晉殺祁盈及食我遂滅祁氏羊舌氏初叔向欲娶於申公巫臣氏其母曰吾聞之甚美必有甚惡昔有仍氏生女黰墨而甚美光可以鑑名曰玄妻樂正后夔取之生伯封實有豕心貪惏無饜忿纇無期謂之封豕有窮后羿滅之夔

是以不祀且三代之亡共子之廢皆是物也女何以為哉夫有尤物足以移人苟非德義則必有禍叔向懼不敢取平公強使娶之生伯石伯石始生子容之母走謁諸姑曰長叔姒生男姑視之及堂聞其聲而還曰是豺狼之聲也狼子野心非是莫喪羊舌氏矣遂勿視及魏舒為政分羊舌氏之田為三縣叔向介性不能下人故季禮嘗戒其直尤善觀人周王之責藉叔向知其不終也

晉師曠

師曠字子野晉樂師也衛侯出奔師曠侍於悼公公曰衛人出其君不亦甚乎對曰或者其君實甚良君將賞善而刑淫養民如子蓋之如天容之如地民奉其君愛之如父母仰之如日月敬之如神明畏之如雷霆其可出乎夫君神之主而民之望也若困民之主匱神乏祀百姓絶望社稷無主將安用之弗去何為天生民而立之君使司牧之勿使失性有君而為之貳使師保之勿

使過度是故天子有公諸侯有卿卿置側室大夫有貳宗士有朋友庶人工商皁隸牧圉皆有親暱以相輔佐也善則賞之過則匡之患則救之失則革之自王以下各有父子兄弟以補察其政史為書瞽為詩工誦箴諫大夫規誨士傳言庶人謗商旅于市百工獻藝天之愛民甚矣豈其使一人肆於民上以從其淫而棄天地之性必不然矣絖門之役楚師多凍役徒幾盡晉人聞有楚師師曠曰不害吾驟歌北風又歌南風南風不競多

死聲楚必無功董叔曰天道多在西北南師不時必無功叔向曰在其君之德也平公說新聲師曠曰公室其將卑乎君之明兆於衰矣夫樂以開山川之風以耀德於廣遠也昭八年春石言于魏榆晉侯問於師曠曰石何故言對曰石不能言或馮焉不然民聽濫也抑臣聞之作事不時怨讟動於民則有非言之物而言今宮室崇侈民力雕盡怨讟並作莫保其性石言不亦宜乎於是晉侯方築虒祁之宮叔向曰子野之言君子哉君子

之言信而有徵故怨遠於其身小人之言僭而無徵故怨咎及之是官也成諸侯必叛夫子知之矣

齊晏嬰平仲

晏平仲名嬰齊相也晏桓子之子崔杼弑莊公晏子立於崔氏之門外其人曰死乎亡乎曰君爲社稷死則死之爲社稷亡則亡之若爲己死而爲己亡非其私暱誰敢任之門啓而入枕尸股而哭興三踊而出人謂崔子必殺之崔子曰民之望也舍之得民崔杼慶封立景公

而相之盟國人於大宮曰所不與崔慶者有如先君晏子仰天嘆曰嬰所不唯忠於君利社稷者是與有如上帝乃歃乃慶氏亾與晏子邶殿其鄙六十弗受子尾曰富人之所欲也何獨弗欲對曰非惡富也恐失富也且夫富如布帛之有幅焉為之制度使無遷也夫民生厚而用利於是乎正德以幅之吾不敢貪多所謂幅也初景公欲更晏子之宅曰子之宅近市湫隘囂塵不可以居請更諸爽塏者辭曰君之先臣容焉臣不足以嗣之

於臣侈矣且小人近市朝夕得所求敢煩里旅公笑曰子近市識貴賤乎對曰既利之敢不識乎公曰何貴何賤於是景公繁於刑有鬻踊者故對曰踊貴屨賤景公為之省刑詩曰君子如祉亂庶遄已其是之謂乎及晏子如晉公更其宅反則成矣既拜乃毀之而為里室皆如其舊則使宅人反之且諺曰非宅是卜惟鄰是卜二三子先卜鄰矣違卜不祥君子不犯非禮小人不犯不祥古之制也吾敢違諸乎卒復其舊宅公弗許因陳桓

子以請乃許之三年齊使平仲請繼室於晉叔向從之宴相與語叔向曰齊其何如曰此季世也齊其為陳氏矣公棄其民而歸於陳氏齊舊四量豆區釜鍾四升為豆各自其四以登於釜釜十則鍾陳氏三量皆登一焉以家量貸而以公量收之山木如市弗加於山魚鹽蜃蛤弗加於海民愛之如父母歸之如流水欲無獲民將焉辟之叔向曰然雖吾公室今亦季世也庶民罷敝而宮室滋侈道殣相望而女富溢尤民聞公命如逃寇讎

民無所依其能久乎十年欒高氏之亂平仲端委立于虎門之外四族召之無所往公召之而後入欒施高強來奔陳鮑分其室晏子謂桓子必致諸公讓德之主也讓之謂懿德凡有血氣皆有爭心故利不可強思義為愈義利之本也藴利生孽姑使無藴乎可以滋長二十年齊侯疥遂痁期而不瘳梁丘據言於公曰吾事鬼神豐於先君有加矣今君疾病是祝史之罪也請誅祝史晏子曰不可君無違事其祝史薦信無愧心矣是以鬼

神用饗國受其福祝史與焉其適遇淫君動作辟違從欲厭私高臺深池撞鍾舞女斬刈民力輸掠其聚神怒民痛無悛於心其祝史薦信是言罪也其蓋失數美是矯誣也進退無辭則虛以求媚是以鬼神不饗其國以禍之祝史與焉公曰然則若之何對曰不可為也民人苦病夫婦皆詛祝有益也詛亦有損聊攝以東姑尤以西其為人也多矣雖其善祝豈能勝億兆人之詛君若欲誅於祝史脩德而後可公説使有司寬政毀關去禁

薄斂已責十二月齊侯田于沛招虞人以弓不進公使執之辭曰昔我先君之田也旃以招大夫弓以招士皮冠以招虞人臣不見皮冠故不敢進乃舍之仲尼曰守道不如守官君子韙之齊侯至自田晏子侍于遄而造焉公曰惟據與我和夫晏子對曰據亦同也焉得為和公曰和與同異乎對曰異和如羮焉水火醯醢鹽梅以烹魚肉燀之以薪宰夫和之齊之以味濟其不及以洩其過君子食之以平其心君臣亦然君所謂可而有

否焉臣獻其否以成其可君所謂否而有可焉臣獻其可以去其否是以政平而不干民無爭心故詩曰亦有和羮既戒既平鬷嘏無言時靡有爭先王之濟五味和五聲也以平其心以成其政也聲亦如味一氣二體三類四物五聲六律七音八風九歌以相成也清濁小大短長疾徐哀樂剛柔遲速高下出入周疏以相濟也今據不然君所謂可據亦曰可君所謂否據亦曰否若以水濟水誰能食之若琴瑟之專壹誰能聽之同之不可

也如是飲酒樂公曰古而無死其樂若何晏子對曰古
而無死則古之樂也君何得焉昔爽鳩氏始居此地季
萴因之有逢伯陵因之蒲姑氏因之而後太公因之古
者無死爽鳩氏之樂非君所願也二十六年齊有慧星
齊侯使禳之晏子曰無益也祇取誣焉天道不諂不貳
其命若之何禳之且天之有彗以除穢也君無穢德又
何禳焉若德之穢禳之何損詩曰惟此文王小心翼翼
昭事上德聿懷多福厥德不回以受方國君無違德方

國將至何患於彗祝史之為無能補也公說乃止齊侯與晏子坐于路寢公嘆曰美哉室晏子曰後世若少惰陳氏而不亡則國其國也已公曰可若何對曰唯禮可以已之在禮家施不及國民不遷農不移工賈不變士不濫官不滔大夫不收公利公曰善哉我不能矣吾今而後知禮之可以為國也對曰禮之可以為國也久矣與天地並君令臣共父慈子孝兄愛弟敬夫和妻柔姑慈婦聽君令而不違臣共而不貳父慈而教子孝而箴

兄愛而友弟敬而順夫和而義妻柔而正姑慈而從婦聽而婉禮之善物也公曰善哉寡人今而後聞此禮之上也對曰先王所稟於天地以為其民也是以先王上之曾子從孔子之齊景公以下卿之禮聘曾子曾子固辭將行晏子送之曰吾聞君子不遺人以財惟以善言今夫蘭本湛之以鹿醢既成噉之則易之匹馬非蘭之本性也所以湛者美也願子詳其所湛者夫君子居必擇處遊必擇方仕必擇君擇君所以求仕擇方所以脩

道遷風移俗嗜欲移性可不慎乎孔子聞之曰晏子之言君子哉依賢者固不困依富者固不窮馬蛭斬足而復行以其輔之者衆故孔子嘗曰夫子產於民為惠主於學為博物晏子於君為忠臣而行為恭敬吾皆以兄事之而加愛敬又嘗謂子貢曰君雖不量於其身臣不可不忠於其君是故君擇臣而任之臣亦擇君而事之有道順命無道衡命蓋晏平仲之行也

贊曰子產以區區之鄭當強橫之晉楚從容酬酢曾不

少屈惟其正而已矣觀其為國經田野伍井廬服有章禮有數食其人民而教訓其子弟擇材任能補敝救患號令修明賞罰不差雖不足以語先王之政亦髣髴其意矣惜乎小國寡民無可行之君不得以肆其志也孟子之聖可謂不待大矣猶以政告齊王而不責滕文公況其餘哉若夫博聞敏識信道篤而自知明以誠正率下不茹柔而吐剛則二霸之佐未之有也季子有高世之識有過人之智觀行而知存亡聞聲而審治亂豈有

父兄之教習俗之然哉殆天性也孔子曰天子失官守在四夷猶信叔向學足以達其理志足以申其學嗟夫不得為政也然晉國資之者多矣郲南之會擁三十萬之衆臨之以威抗之以辨諸侯莫不服從其才可知也且憂而不懼泰而不肆拯已而不德滅德而不怨直諒多聞明於得失三代之士庶幾焉孔子稱子產古之遺愛叔向古之遺直明非春秋之才也師曠之博達庶乎二子之風哉晏嬰為相一言而齊侯省刑諫非不行也

然知患陳氏之逼而不能謀之知惡梁丘據之佞而不能去之焉用彼相哉至於儉以行己忠以事上犯顏敢諫愛民而下士卓立乎崔慶陳鮑欒高之閒而無所從亦可謂賢矣史稱景公欲用孔子晏子沮之予嘗疑焉以越石御者之賤晏子猶禮而薦之況仲尼乎然見聖而不能由聖其道一於愚信有是也夾谷之會嬰實相之齊欲以兵刼定公而害孔子豈止沮之而已哉余謂晏子君子之小人以下士取名而疾善之出乎己是依

違以固君矯節以欺世者也齊之不競晏子之罪也

春秋臣傳卷十八

欽定四庫全書

春秋臣傳卷十九

宋 王當 撰

襄公三

鄭子大叔游吉

子大叔鄭卿游吉也駟偃子游之孫父曰公孫蠆字子蟜蔔偃伐秦之役子蟜勸之濟十九年范宣子言於晉侯以其善於伐秦也六月晉侯請於王王追賜之大路

使以行禮也二十八年鄭伯使吉如楚及漢楚人還之
曰宋之盟君實親辱今吾子來寡君謂吾子姑還子大
叔歸復命告子展曰楚子將死矣不脩其政德而貪昧
於諸侯以逞其願欲久得乎周易有之在復之頤曰迷
復凶其楚子之謂乎欲復其願而棄其本復歸無所是
謂迷復能無凶乎果卒昭元年鄭放游楚於吳將行子
南子產咨於子大叔子大叔荅曰吉不能亢身焉能亢
宗彼國政也非私難也子圖鄭國利則行之又何疑焉

周公殺管叔而蔡蔡叔夫豈不愛王室故也吉若獲戾
子將行之何有於諸游二十五年王室有子朝之難子
大叔見范獻子曰王室之不寧晉之恥也獻子懼與韓
宣子圖之乃徵會於諸侯明年夏會于黄父謀王室也
子大叔見趙簡子簡子問揖讓周旋之禮對曰是儀也
非禮也簡子曰敢問何謂禮對曰吉也聞諸先大夫子
產曰夫禮天之經也地之義也民之行也天地之經而
民實則之則天之明因地之性生其六氣用其五行氣

為五味發為五色章為五聲淫則昏亂民失其性是故為禮以奉之為六畜五牲三犧以奉五味為九文六采五章以奉五色為九歌八風七音六律以奉五聲為君臣上下以則地義為夫婦外内以經二物為父子兄弟姑姊甥舅昏媾姻亞以象天明為政事庸力行務以從四時為刑罰威獄使民畏忌以類其震曜殺戮為溫慈惠和以效天之生殖長育民有好惡喜怒哀樂生於六氣是故審則宜類以制六志哀有哭泣樂有歌舞喜有

施舍怒有戰鬬喜生於好怒生於惡是故審行信令禍福賞罰以制死生生好物也死惡物也好物樂也惡物哀也哀樂不失乃能協天地之性是以長久簡子曰甚哉禮之大也對曰禮上下之紀天地之經緯也民之所以生也是以先王尚之故人之能自曲直以赴禮者謂之成人大不亦宜乎簡子曰鞅也請終身守此言也定四年會于召陵反未至而卒趙簡子為之臨甚哀曰黄父之會夫子語我九言曰無始亂無怙富無恃寵無違

同無敖禮無驕能無復怨無謀非德無犯非義子速嗣

晉魏舒

魏獻子舒魏莊子之子也昭元年荀吳敗羣狄於大原將戰舒教以毀車以為行大敗之二十八年秋宣子卒獻子為政謂賈辛司馬烏為有力於王室謂知徐吾趙朝韓固魏戊餘子之不失職能守業者也皆受縣而後見於魏子以賢舉也魏子謂成鱄吾與戊也縣人以我為黨乎對曰何也戊之為人也遠不忘君近不偪同居

利思義在約思純有守心而無淫行雖與之縣不亦可乎昔武王克商光有天下其兄弟之國者十有五人姬姓之國者四十人皆舉親也夫舉無他唯善所在親疏一也詩曰唯此文王帝度其心莫其德音其德克明克明克類克長克君王此大國克順克比比于文王其德靡悔既受帝祉施于孫子心能制義曰度德正應和曰莫照臨四方曰明勤施無私曰類教誨不倦曰長賞慶刑威曰君慈和徧服曰順擇善而從之曰比經緯天地

曰文九德不愆作事無悔故襲天祿子孫賴之主之舉也近文德矣所及其遠哉賈辛將適其縣見於魏子魏子曰辛來昔叔向適鄭鬷蔑惡欲觀叔向從使之收器者而往立於堂下叔向將飲酒聞之曰必鬷明也下執其手以上曰昔賈大夫惡取妻而美三年不言不笑御以如臯射雉獲之其妻始笑而言賈子曰才之不可以已我不能射女遂不言不笑夫今子少不颺子若無言吾幾失子矣言之不可以已也如是遂如故知今女有

力於王室吾是以舉女行乎敬之哉毋隳乃力仲尼聞魏子之舉也以為義曰近不失親遠不失賢可謂義矣又聞其命賈辛也以為忠詩曰永言配命自求多福忠也魏子之舉也義其命也忠其長有後於晉國乎冬梗陽人有獄魏戊不能斷以獄上其大宗賂以女樂魏子將受之魏戊謂閻没女寛曰主以不賄聞於諸侯若受梗陽人賄莫甚焉吾子必諫皆許諾退朝待於庭饋入召之比置三嘆既食使坐魏子曰吾聞諸伯叔諺曰唯

食忘憂吾子置食之間三嘆何也同辭而對曰或賜二小人酒不夕食饋之始至恐其不足是以歎中置自咎曰豈將軍食之而有不足是以再歎及饋之畢願以小人之腹為君子之心屬饜而已獻子辭梗陽人三十二年八月王使富辛如晉請城成周天子曰天降禍于周以為伯父憂余一人無日忘之閔閔焉如農夫之望歲懼以待時伯父若肆大惠以固盟主宣昭令名則余一人有大願矣范獻子謂魏獻子曰是之不務而又焉從

事魏子曰善十一月舒及韓不信合諸侯之大夫于狄泉尋盟且令城成周魏子南面衛彪傒曰魏子必有大咎干位以令大事非其任也

鄭子皮

子皮鄭子展之子罕虎也三十年授子產政子皮欲使尹何為邑子產曰少未知可否子皮曰願吾愛之不吾叛也使夫往而學焉夫亦愈知治矣子產曰不可人之愛人求利之也今吾子愛人則以政猶未能操刀而

使割也其傷實多子之愛人傷之而已其誰敢求愛於子子於鄭國棟也棟折榱崩僑將壓焉敢不盡言子有美錦不使人學製焉大官大邑身之所庇也而使學者製焉其爲美錦不亦多乎僑聞學而後入政未聞以政學者也若果行此必有所害譬如田獵射御貫則能獲禽若未嘗登車射御則敗績厭覆是懼何暇思獲子皮曰善哉虎不敏吾聞君子務知大者遠者小人務知小者近者我小人也衣服附在吾身我知而慎之大官大

邑所以庇身也我遠而慢之微子之言吾不知也他日我曰子為鄭國我為吾家以庇焉其可也今而後知不足自今雖吾家聽子而行子產曰人心之不同如其面焉吾豈敢謂子面如吾面乎抑心所謂危亦以告也子皮以為忠故委政焉子產是以能為鄭國昭十年子皮如晉葬平公也子皮將以幣行子產曰喪焉用幣子皮固請以行既葬諸侯之大夫欲因見新君叔孫昭子曰非禮也弗聽叔向辭之曰大夫之事畢矣而又命孤孤

斬焉在衰絰之中其以嘉服見則喪禮未畢其以喪服見是重受弔也大夫將若之何皆無辭以見子皮盡用其幣云云

楚公子午

公子午字子庚楚令尹也子囊卒十五年共王以午為令尹公子罷戎為右尹蒍子馮為大司馬公子櫜師為右司馬公子成為左司馬屈到為莫敖公子追舒為箴尹屈蕩為連尹養由基為宮廄尹以靖國人君子謂楚

於是能官人官人國之急也能官人則民無覦心詩云嗟我懷人寘彼周行能官人也王及公侯伯子男甸采衛大夫各居其列所謂周行也

鄭子羽

子羽鄭行人公孫揮也善辭令昭元年會于虢尋宋之盟也退會子羽謂子皮曰叔孫絞而婉左師簡而禮樂王鮒字而敬子與子家持之皆保世之主也齊衛陳大夫其不免乎國子代人憂子招樂憂齊子雖憂弗害夫

弗及而憂與可憂而樂與憂而弗害皆取憂之道也憂必及之三大夫兆憂憂能無至乎言以知物其是之謂矣

鄭然明

然明鄭大夫騣蔑晉侯鞶程鄭使佐下軍二十四年子羽如晉聘程鄭問焉曰敢問降階何由子羽不能對歸以語然明然明曰是將死矣不然將亡貴而知懼懼而思降乃得其階下人而已又何問焉且夫既登而求降

階者知人也不在程鄭其有亡釁乎不然其有惑疾將死而憂也明年鄭果卒子產始知然明問政焉對曰視民如子見不仁者誅之如鷹鸇之逐鳥雀也子產喜以語子大叔且曰他日吾見蔑之面而已今吾見其心矣子大叔因問政於子產子產曰政如農功日夜思之思其始而成其終朝夕而行之行無越思如農之有畔其過鮮矣魏舒語賈辛稱叔向之言有曰子少不颺子若無言吾幾失子矣鄭人游于鄉校以論執政然明謂子

產曰毀鄉校如何子產曰何為夫人朝夕退而游焉以議執政之善否其所善者吾則行之其所惡者吾則改之是吾師也若之何毀之我聞忠善以損怨不聞作威以防怨豈不遽止然猶防川大決所犯傷人必多吾不克救也不如小決使道不如吾聞而藥之也然明曰蔑也今而後知吾子之信可事也小人實不才若果行此其鄭國實賴之豈唯二三臣仲尼聞是語也曰以是觀之人謂子產不仁吾不信也

晉士鞅

士鞅范宣子之子也是為范獻子伐秦之役與欒鍼馳秦師鍼死鞅反欒黶怒鞅奔秦秦伯問於鞅曰晉大夫其誰先亡對曰其欒氏乎欒黶汰虐已甚猶可以免其在盈乎武子之德在民如周人之思召公焉愛其甘棠況其子乎欒黶死盈之善未能及人武子所施沒矣而黶之怨實章將於是乎在秦伯以為知言為之請於晉而復之襄二十九年來聘拜城杞也公享之展莊叔執

幣射者三耦公臣不足取於家臣家臣展瑕展玉父為一耦公臣公巫召伯仲顏莊叔為一耦鄫鼓父黨叔為一耦昭二十一年夏來聘叔孫豪以七牢士鞅怒曰是卑敝邑也魯人恐加四牢焉為十一牢是聘也獻子問具山敖山魯人以其鄉對獻子曰不為具敖乎對曰先君獻武之諱也獻子歸徧戒其所知曰人不可以不學吾適魯而名其二諱為笑焉唯不學也人之有學猶木之有枝葉也木有枝葉猶能庇蔭人而況君子之學乎

定八年公會晉師于瓦獻子執羔趙簡子中行文子皆執鴈魯於是始尚羔

贊曰子太叔文質彬彬婉而正直而有體斯所以能治其國而應四方之命也䖏舒能用人不吝改過子皮能與善而自知不足足以相其君矣傳曰身賢賢也使賢亦賢也二子雖未盡賢而能使賢其賢一也子羽之辭命固見稱於聖人乃若其觀人亦不在北宮子之下也學校之不可毀雖鄉里自好者不為也然明之賢豈不

足以知此蓋知子產之自任其曰毁鄉校如何斯試之之言耳子產謂他日吾見蔑之面今吾見其心叔向亦曰子若無言吾幾失子矣然明之心子產叔向尚患其難知況餘人乎士鞅非不才也而私慾不足以自勝故阿比嬖姊以成罔父之奸受財季氏以沮納君之義武文之風大壞矣

春秋臣傳卷十九

欽定四庫全書

春秋臣傳卷二十

宋　王當　撰

襄公四

晉司馬女叔

司馬女叔名齊晉大夫也或曰司馬侯又曰叔侯悼公與司馬侯升臺而望曰樂夫對曰臨下之樂則樂矣德義之樂則未也公曰何謂德義對曰諸侯之為日在君

側以其善行以其惡戒可謂德義矣公曰孰能對曰羊舌肸習於春秋乃召叔向使傅太子彪知悼子合諸侯之大夫以城杞司馬侯言曰齊高子容專宋司徒侈皆亡家之主也二子皆將不免是秋高止出奔燕其後華定出奔陳晉平公使女叔來治杞田弗盡歸也悼夫人愠曰齊也取貨公告女叔女叔曰杞夏餘也而即東夷魯周公之後而睦於晉以杞封魯猶可而何有焉魯之於晉也職貢不乏玩好時至公卿大夫相繼於朝史不

絕書府無虛月如是可矣何必瘠魯以肥杞昭四年椒舉如晉求諸侯晉侯欲勿許司馬侯曰不可楚王方侈天或者欲逞其心以厚其毒而降之罰未可知也其使能終亦未可知也晉楚惟天所相君其許之公曰晉有三不殆其何敵之有國險而多馬齊楚多難有是三者何向不濟對曰恃險與馬而虞鄰國之難是三殆也云

五年昭公晉自郊勞至于贈賄無失禮晉侯謂女叔齊曰魯侯不亦善於禮乎對曰魯侯焉知禮是儀也不

可謂禮禮所以守其國行其政令無失於民者也令政令在家不能取也有子家覊弗能用也奸大國之盟陵虐小國為國君難將及身不恤其所禮之本末將於此乎在而屑屑焉習儀以亟言善於禮不亦遠乎君子謂叔侯於是乎知禮卒二子叔游叔寬嗣叔向見司馬侯之子撫而泣之曰自此其父之死吾蔑與比而事君者矣昔者此其父始之我終之我始之夫子終之無不可藉偃在側曰君子有比乎叔向曰君子比而不别比德

以贊事比也引黨以封己利己而忘君别也

衛北宫文子佗

北宫文子名佗衛大夫也三十一年過鄭印段廷勞于棐林文子入聘子羽為行人馮簡子與子大叔逆客事畢而出言於衛侯曰鄭有禮其數世之福也其無大國之討乎詩曰誰能執熱逝不以濯禮之於政猶熱之有濯也濯以救熱何患之有衛侯在楚文子見令尹圍之威儀曰令尹將有他志不能終也詩曰敬慎威儀維民

之則令尹無威儀民無則焉公曰何謂威儀對曰有威而可畏謂之威有儀而可象謂之儀君有君之威儀其臣畏而愛之則而象之故能有其國家令聞長世臣有臣之威儀故能守其官職保族宜家順是以下皆如是是以上下能相固也故君子在位可畏施舍可愛進退可度周旋可則容止可觀作事可法德行可象聲氣可樂動作有文言語有章以臨其下謂之有威儀也

楚伍舉

伍舉楚大夫也邑于椒故曰椒舉舉與聲子相善二十六年舉奔鄭伍舉取于王子牟王子牟為申公而亡楚人曰伍舉實送之聲子將如晉遇之於鄭郊班荊相與食而言復故聲子曰是行也吾必復子及宋向戌將平晉楚聲子通使於晉還如楚令尹子木與之語問晉故焉且曰晉大夫與楚孰賢對曰晉卿不如楚其大夫則賢皆卿才也如杞梓皮革自楚往也雖楚有材晉實用之歸生聞之善為國者賞不僭而刑不濫賞僭則懼及

淫人刑濫則懼及善人若不幸而過寧僭無濫與其失善寧其利淫無善人則國從之詩曰人之云亡邦國殄瘁無善人之謂也故夏書曰與其殺不辜寧失不經懼失善也商頌有之曰不僭不濫不敢怠皇命于下國封建厥福此湯所以獲天福也古之治民者勸賞而畏刑恤民不倦賞以春夏刑以秋冬是以將賞為之加膳加膳則飫賜此以知其勸賞也將刑為之不舉不舉則徹樂此以知其畏刑也夙興夜寐朝夕臨政此以知其恤

民也三者禮之大節也有禮無敗今楚多淫刑其大夫逃死於四方而為之謀主以害楚國不可救療所謂不能也是時析公雍子子靈苗賁皇奔晉為晉謀主以為楚害子木曰是皆然矣聲子曰今又有甚於此椒舉奔鄭引領南望曰庶幾赦予亦弗圖也今在晉矣晉人將與之縣以比叔向彼若謀害楚國豈不為患子木懼言諸康王益其禄爵而復之昭四年楚子合諸侯于申舉言於楚子曰臣聞諸侯無歸禮以為歸今君始得諸侯

其慎禮矣霸之濟否在此會也夏啓有鈞臺之享商湯有景亳之命周武有孟津之誓成有岐陽之蒐康有酆宫之朝穆有塗山之會齊桓有召陵之師晉文有踐土之盟君其何用宋向戌鄭公孫僑在諸侯之良也君其選焉王曰吾用齊桓王使問禮於左師與子產左師曰小國習之大國用之敢不薦聞獻公合諸侯之禮六子產曰小國共職敢不薦守獻伯子男會公之禮六君子謂合左師善守先代子產善相小國王使舉待於後以

規過卒事不規王問其故對曰禮吾所未見者有六焉又何以規楚子示諸侯侈舉曰六王二公之事皆所以示諸侯禮也諸侯所由用命也夏桀為仍之會有緡叛之商紂為黎之蒐東夷叛之周幽為太室之盟戎狄叛之皆所以示諸侯汰也諸侯所由棄命也今君以汰無乃不濟乎王弗聽子產見左師曰吾不患楚矣汰而愎諫不過十年遂以諸侯滅賴賴子面縛銜璧士袒輿櫬從之造於中軍王問諸舉對曰成王克許許僖公如是

王親釋其縛受其璧焚其櫬王從之遷賴于鄢靈王為章華之臺與舉升焉曰臺美夫對曰臣聞國君服寵以為美安民以為樂聽德以為聰致遠以為明不聞以土木之崇高彤鏤為美而以金石匏竹昌大囂庶為樂不聞其以觀大視侈淫色以為明而以察清濁為聰先君莊王匏居之臺高不過望國氛大不過容宴豆木不妨守備用不煩官府民不廢時務官不易朝常先君是以除亂克敵而無惡於諸侯今君為此臺也國民罷焉財

用盡焉年𣪘敗焉百官煩焉舉國留之數年乃成臣不知其美也夫美者上下内外遠近大小皆無害焉故曰美若聚民利以自封是瘠民也胡美之為

楚薳啟彊

薳啟彊楚大宰也昭元年靈王即位啟彊為大宰韓宣子如楚送女叔向為介楚子朝其大夫曰晉吾仇敵也苟得志焉無䘏其他今其來者上卿上大夫也若吾以韓起為閽羊舌肸為司宫足以辱晉吾亦得志矣可乎

大夫莫對啓彊曰聖王務行禮不求恥人朝聘有珪享
覜有璋小有述職大有巡功設機而不倚爵盈而不飲
宴有好貨飧有陪鼎入有郊勞出有贈賄禮之至也國
家之敗失之道也則禍亂興晉之事君臣曰可矣求諸
侯而麇至求昏而薦女君親送之上卿及上大夫致之
猶欲恥之乎王曰不穀之過也厚為韓子禮七年楚子
成章華之臺願與諸侯落之啓彊來召公公如楚楚子
享公于新臺使長鬛者相好以大屈既而悔之啓彊聞

之見魯公公語之故拜賀公曰何賀對曰齊與晉越欲此久矣君其備禦三鄰謹守寶矣公懼乃反之

鄭裨竈

裨竈鄭大夫也好言災異二十八年竈曰今兹周王及楚子皆將死歲棄其次而旅於明年之次以害鳥帑周楚惡之十二月甲寅靈王崩乙未楚子昭卒昭公九年夏四月陳災竈曰五年陳將復封封五十二年而遂亡十年正月有星出于婺女竈曰晉君將死後七月晉侯

彪卒十七年冬有星孛于大辰西及漢竈言於子產曰宋衛陳鄭將同日火若我用瓘斝玉瓚鄭必不火子產弗與明年五月宋衛陳鄭皆火竈曰不用吾言鄭又將火鄭人請用之子產不可子太叔曰寶以保民也若有火國幾亡可以救亡子何愛焉曰天道逺人道邇非所及也竈焉知天道是亦多言矣豈不或信遂不與亦不復火

魯梓愼

梓慎魯大夫也善占侯二十八年春無冰慎曰今茲宋
鄭其饑乎歲在星紀而淫於玄枵以有時菑陰不堪陽
蛇乘龍龍宋鄭之星也宋鄭必饑玄枵虛中也枵耗名
也土虛民耗不饑何為明年宋鄭饑昭公十七年冬有
孛星于大辰西及漢慎曰往年吾見之是其證也火出
而見今茲火出而章必火入而伏其居火也久矣其與
不然乎火出於夏為三月於商為四月於周為五月夏
數得天若火作其四國當之在宋衛陳鄭乎宋大辰之

虚也陳太皥之虚也鄭祝融之虚也皆火房也星孛及漢漢水祥也衛顓頊之虚也故為帝丘其星為大水水火之牡也其以丙子若壬午作乎水火所合也明年五月丙子風壬午大甚宋衛陳鄭皆火昭公二十年二月己丑日南至愼望氛曰令兹宋有亂國幾亡三年而後弭叔孫昭子曰然則戴桓也汰侈無禮已甚亂所在也十月宋華亥向寧出奔陳二十一年七月壬午朔日有食之公問焉曰禍福何為對曰二至二分日有食之不

為災日月之行也分同道也至相過也其他月則為災陽不克也故常為水二十四年五月乙未朔日有食之慎曰將水昭子曰旱也日過分而陽猶不克克必甚能無旱乎皆不效

楚屈建

屈建字子木楚令尹也屈蕩之孫屈到子夕之子到嗜芰有疾召其宗老而屬之曰祭我必以芰及祥宗老將薦芰建命去之老曰夫子屬之子木曰不然夫子承楚

國之政其法刑在民心而藏在王府上之可以比先王下之可以訓後世雖微楚國諸侯莫不譽其祭典有之曰國君有牛饗大夫有羊饋士有豚犬之奠庶人有魚炙之薦籩豆脯醢則上下共之不羞珍異不陳庶侈夫子不以私欲干楚國之典遂不用二十五年蔿掩為司馬子木使庀賦數甲兵十月甲午蔿掩書土田度山林鳩藪澤辨京陵表淳鹵數彊潦規偃豬町原防牧隰皐井衍沃量入修賦賦車籍馬賦車兵徒兵甲楯之數既

成以授子木禮也宋向戌弭兵之盟楚人衷甲伯州犁
以為不可子木不從太宰知令尹之將死也明年冬卒

楚然丹

然丹字子革楚右尹也鄭穆公之孫子然之子子革奔
楚昭十二年楚子圍徐次于乾谿子革夕與之語曰昔
我先王熊繹與呂級王孫牟燮父禽父並事康王四國
皆有分我獨無有今吾使人於周求鼎以為分王其與
我乎對曰與君王哉昔我先王熊繹辟在荆山篳路藍

縷以處草莽跋涉山林以事天子唯是桃弧棘矢以共禦王事齊王舅也晉及魯衛王母弟也楚是以無分而彼皆有今周與四國服事君王將唯命是從豈其愛鼎王曰昔我皇祖伯父昆吾舊許是宅今鄭人貪賴其田而不我與我若求之其與我乎對曰與君王哉周不愛鼎鄭敢愛田王曰昔諸侯遠我而畏晉今我大城陳蔡不羮賦皆千乘子與有勞焉諸侯其畏我乎對曰畏君王哉是四國者專足畏也又加之以楚敢不畏君王哉

王入析父謂子革曰吾子楚國之望也今與王言如響子革曰摩厲以須王出吾刃將斬矣王出復語左史倚相趨過王曰是良史也子善視之是能讀三墳五典八索九丘對曰臣嘗問焉昔穆王欲肆其心周行天下將皆必有車轍馬迹焉祭公謀父作祈招之詩以止王心王是以獲沒於祗宮臣問其詩而不知也若問遠焉其焉能知之王曰子能乎對曰能其詩曰祈招之愔愔式昭德音思我王度式如玉式如金形民之力而無醉飽之

心王揖而入饋不食寢不寐數日不能自克以及於難仲尼曰古也有志克己復禮仁也信善哉楚靈王若能如是豈其辱于乾谿初靈王卜曰余尚得天下不吉投龜詬天而呼曰是區區者而不余畀余必自取之民患王心之無厭也故從亂如歸

贊曰女叔之知禮北宮文子之論人伍舉之相事薳啓彊之救過亦足以左右其君而彌縫其闕竈慎之推候固多中矣然天不可儀而度也二子取必焉能無失乎

善言天者必有驗於人此子產之論所以勝也知人不知天則固知天不知人則怠善為國者正人事以待天可也子木會盟而先為不信得沒幸矣靈王驕暴誰與言矣然毋回其欲而攻之使之痛憾猶可與為善惜乎問之不豫也不然與子家子爭美矣

春秋臣傳卷二十

欽定四庫全書

春秋臣傳卷二十一

宋 王當 撰

襄公

楚申無宇

申無宇楚芋尹也公子圍殺大司馬蒍掩而取其室無宇曰王子必不免善人國之主也王子相楚國將善是封殖而虐之是禍國也且司馬令尹之偏而王之四體

也絶民之主去身之偏艾王之體以禍其國不祥莫大焉何以得免昭公七年楚子之為令尹也為王旌以田無宇斷之曰一國兩君其誰堪之及即位為章華之宫納亡人以實之無宇之閽入焉無宇執之有司弗與曰執人於王宫其罪大矣執而謁諸王王將飲酒無宇辭曰天子經略諸侯正封古之制也封略之内何非君土食土之毛誰非君臣故詩曰普天之下莫非王土率土之濱莫非王臣天有十日人有十等故王臣公公臣大

夫大夫臣士士臣阜阜臣輿輿臣隷隷臣僚僚臣僕僕臣臺馬有圉牛有牧以待百事今有司曰女胡執人於王宫將焉執之周文王之法曰有亡荒閲所以得天下也吾先君文王作僕區之法曰盜所隱器與盜同罪所以封汝也若從有司是無所執逃臣也昔紂為天下逋逃主萃淵藪君王始求諸侯而則紂無乃不可乎若以二王之法取之盜有所在矣王曰取而臣以往遂赦之十二年楚子滅蔡用隱太子於岡山無宇曰不祥五牲

不相為用況用諸侯乎王必悔之楚子城陳蔡不羮使
棄疾為蔡公王問於無宇曰棄疾在蔡何如對曰擇子
莫如父擇臣莫如君鄭莊公城櫟而寘子元焉使昭公
不立齊桓公城穀而寘管仲焉至於今賴之臣聞五大
不在邊五細不在庭親不在外羈不在内今棄疾在外
鄭丹在内君其少戒王曰國有大城何如對曰鄭京櫟
實殺曼伯宋蕭亳實殺子游齊渠丘實殺無知衛蒲戚
實出獻公若由是觀之則害於國末大必折尾大不掉

君所知也

魯子服惠伯椒

子服惠伯名椒一名湫孟獻子之孫子服它之子三十一年滕成公來會葬惰而多涕惠伯曰滕君將死矣怠於其位而哀已甚兆於死所矣能無從乎昭十有二年南蒯將叛筮之遇坤之比曰黃裳元吉以為大吉也示惠伯曰即欲有事何如惠伯曰吾嘗學此矣忠信之事則可不然必敗外彊內溫忠也和以率貞信也故曰黃

裳元吉黄中之色也裳下之飾也元善之長也中不忠不得其色下不共不得其飾事不善不得其極外内倡和為忠率事以信為共供養三德為善非此三者弗當且夫易不可以占險將何事也且可飾乎中美能黄上美為元下美則裳參成可筮猶有闕也筮雖吉未也初臧武仲致防而奔齊其人曰其盟我乎臧孫曰無辭將盟臧氏季孫名外史掌惡臣而問盟首焉曰盟東門氏也曰毋或如東門遂不聽公命殺適立庶盟叔孫氏也

曰毋或如叔孫僑如欲廢國常蕩覆公室季孫曰臧孫
之罪皆不及此孟椒曰盍以其犯門斬關季孫用之乃
盟臧氏曰毋或如臧孫紇干國之紀犯門斬關臧孫聞
之曰國有人焉誰居其孟椒乎子回嗣是為昭伯

魯榮成伯

榮成伯名駕鵝一名欒魯大夫也子叔聲伯之子榮其
邑也二十八年公如楚及漢楚康王卒公欲反子服惠
伯曰君子有遠慮小人從邇不如歸也成伯曰遠圖者

忠也公遂行反及方城聞季武子襲卞公欲毋入成伯曰宿之事君也不敢不悛醉而怒醒而喜庸何傷君其入也乃歸定元年昭公之喪至自乾侯季氏使役如闞氏將溝焉駕鵝曰生不能事死又離之以自旌也縱子忍之後必或恥之乃止季孫問駕鵝曰吾欲為君謚使子孫知之對曰生不能事死又惡之以自信也將焉用之乃止七月葬昭公於墓道南孔子之為司寇也溝而合諸墓

衛子鮮

子鮮衛公之母弟公子鱄也孫林父之亂獻公出奔獻公使子鮮求復於甯喜子鮮曰逐我者出納我者死賞罰無章何以沮勸君失其信而國無刑不亦難乎且鱄實使之遂出奔晉公使止之不可及河又使止之止使者而盟於河曰苟有履衛地食衛粟者昧雉彼視託於木門不向衛國而坐木門大夫勸之仕不可曰吾不可以立於人之朝終身不仕

秦公子鍼

公子鍼字伯車秦景公之弟也亦曰后子后子有寵於桓如二君於景其母曰弗去懼選昭元年鍼適晉其車千乘書曰秦伯之弟鍼出奔晉罪秦伯也趙孟曰秦君何如對曰無道趙孟曰天乎對曰有焉鍼聞之國無道而年穀和熟天贊之也鮮不五稔是年冬楚子干奔晉從車五乘叔使與秦公子同食皆百人之餼趙文子曰秦公子富叔向曰夫爵以建事祿以合爵故底祿以德

德均以年年同以尊公子以國不聞以富且夫以千乘去其國彊禦已甚詩曰不侮鰥寡不畏彊禦秦楚匹也使后子與子干齒五年景公卒后子歸秦

晉荀盈

荀盈字伯夙知罃之子也是曰知悼子荀氏至林父曰中行氏弟首氏弟知氏昭九年六月荀盈卒未葬晉侯飲酒樂膳宰屠蒯趨入請佐許之而遂酌以飲工曰女為君耳將司聽也辰在子卯謂之疾日君徹宴樂學人

舍業為疾故也君之卿佐是為股肱股肱或虧何痛如之女弗聞而樂是弗聽也又飲外嬖嬖叔曰女為君目將司明也服以旌禮禮以行事事有其物物有其容今君之容非其物也而女不見是不明也亦自飲也曰味以行氣氣以實志志以定言言以出令臣實司味二御失官而君弗命臣之罪也公說徹酒初公欲廢知氏而立其外嬖為是悛而止

鄭印段

印段字子石鄭卿也父曰公孫黑肱字子張二十二年
九月黑肱有疾歸邑于公名室老宗人立段而使黜官
薄祭祭以特羊殷以少牢足以共祀盡歸其餘邑曰吾
聞之生於亂世貴而能貧民無求焉可以後亡敬共事
君與二三子生在敬戒不在富也已巳伯張卒君子曰
善戒詩曰慎爾侯度用戒不虞子張有焉又公孫段字
伯石亦鄭卿也公子豐之子垂隴所謂二子石也子産
為政有事賂伯石邑子太叔曰國皆其國也奚獨賂焉

子產曰無欲實難皆得其欲以從其事而要其成非我有成其在人乎何愛於邑邑將焉往旣伯石懼而歸邑卒與之昭三年鄭伯如晉公孫段相甚敬而卑禮無違者晉侯嘉焉賜之州田君子曰禮其人之急也乎伯石之汰也一爲禮於晉猶荷其禄況以禮終始乎詩曰人而無禮胡不遄死其是之謂乎

齊州綽

州綽齊大夫也齊莊公朝指殖綽郭最曰是寡人之雄

也州綽曰君以為雄誰敢不雄然二子者譬如禽獸臣食其肉而寢處其皮矣平陰之役夙沙衛殿殖綽郭最曰子殿國師齊之辱也子姑先乎乃代之殿齊人圍臧紇於防獲臧堅齊侯使夙沙衛唁之堅自殺

贊曰申無宇勇於諫論陳蔡不羮之患王終以此敗可謂明也已矣子服惠伯從容閑說切事而解紛昭伯似之遂世其德可嘉也榮成伯之規正可謂不忝其祖矣爵以序德也而齊莊所建俱勇士此匹夫之勇何救於

亂哉夙沙衛齊之寵臣也然啗國士而臧堅以為恥殿

齊師而殖綽以為辱古之自重也如此

欽定四庫全書

春秋臣傳卷二十二

宋　王當　撰

襄公六

衛太叔儀

太叔儀衛卿太叔文子也亦曰世叔儀十四年衛獻出奔求復於甯喜許之太叔文子曰甯叔視君不如弈棊奕者舉棊不定不勝其耦而況置君而弗定乎必不免

矣二十六年衛侯入大夫逆於境者執其手而與之言道逆者自車揖之逆於門者頷之而已衛侯入果殺甯喜

魯閔馬父

閔馬父字子馬魯大夫也昭十八年葬曹平公往者見周大夫原伯與之語不說學歸以語馬父馬父曰周其亂乎夫學殖也不學將落原氏其亡乎二十二年王子朝奉周之典籍以奔楚天王入於成周子朝使告於諸

侯云云馬父聞子朝之辭曰文辭以行禮也子朝逆景之命無禮甚矣文辭何為哀八年齊閭丘明來盟子服景伯戒宰人曰陷而入於恭馬父笑景伯問之對曰笑吾子之大滿也昔正考父校商之名頌十二篇於周太師以那為首其輯之亂曰自古在昔先民有作溫恭朝夕執事有恪先王之傳恭猶不敢專稱曰自古古曰在昔昔曰先民今吾子之戒吏人曰陷而入於恭其滿之甚也周恭王能庇昭穆之闕而為恭楚恭王能知其過

而為恭今吾子之教官僚曰陷而後恭道將何為

齊陳須無

陳文子名須無齊卿也陳完之孫文子見崔武子退而告人曰崔子將死乎過君以義猶自抑也況以惡乎盧蒲癸將殺慶氏文子謂桓子曰禍將作矣吾其何得卒逐慶氏文子遂奔魯

晉史趙

史趙晉大夫也昭八年游吉相鄭伯以如晉賀虒祁也

趙見子太叔曰甚哉其相蒙也可弔也而又賀之子太叔曰若何弔也其非惟我賀楚滅陳晉侯問於趙曰陳其遂亡乎對曰陳顓頊之族也自幕至於瞽瞍無違命舜重之以明德寘德於遂遂世守之及胡公不淫故周賜之姓使祀虞帝臣聞盛德必百世祀虞之世數未絶繼守將在齊其兆既存矣

齊陳無宇

陳無宇齊陳桓子也父須無無欒高氏皆嗜酒信内彊於

陳鮑氏而惡之昭十年陳桓子伐欒高氏又敗諸鹿門欒施高彊奔魯陳鮑分其室晏子謂桓子必致諸公讓德之主也讓之謂懿德凡有血氣皆有争心故利不可彊思義為愈義利之本也藴利生孽姑使無藴乎可以滋長桓子盡致諸公而請老於莒凡公子公孫之無禄者私分之邑國人之貧約孤寡者私與之粟曰詩云陳錫哉周能施也桓公是以霸公與桓子莒之旁邑辭穆孟姬為之請高唐陳氏始大高彊後適晉晉侯逐范中

行氏二子將伐公高彊曰三折肱知為良醫惟伐君為不可民弗與也

鄭良霄伯有

良霄字伯有鄭卿也父曰輒二十八年公過鄭鄭伯不在伯有廷勞於黃崖不敬穆叔曰伯有無戾於鄭鄭必有大咎敬民之主也而棄之何以承守鄭人不討必受其辜濟澤之阿行潦之蘋藻寘諸宗室季蘭尸之敬也敬可棄乎三十年駟帶率國人伐伯有書曰鄭人殺良

霄鑄刑書之歲二月或夢伯有介而行曰壬子余將殺帶也明年壬寅余又將殺段也及壬子駟帶卒國人益懼齊燕平之月壬寅公孫段卒國人愈懼其明月子產立良止以撫之乃止子太叔問其故子產曰鬼有所歸乃不為厲吾為之歸也及子產適晉趙景子問焉曰伯有猶能為鬼乎子產曰能人生始化曰魄既生魄陽曰魂用物精多則魂魄彊是以有精爽至於神明匹夫匹婦彊死其魂魄猶能馮依人以為淫厲況良霄我先君

穆公之曾子良之孫子耳之子敝邑之卿從政三世矣鄭雖無腆抑諺曰蕞爾小國而三世執其政柄其用物也弘矣其取精也多矣其族又大所馮厚矣而彊死能為鬼不亦宜乎

齊慶封

慶封字子家齊相也崔杼弑莊公立景公而相之封為左相謂之崔慶二十七年來聘其車美孟孫謂叔孫曰慶季之車不亦美乎叔孫曰豹聞之服美不稱必以惡

終美車何為叔孫與封食不敬為賦相鼠亦不知也崔杼死封當國封好田而嗜酒公膳日雙雞饔人竊更之以鶩御者知之則去其肉而以洎饋子雅子尾遂謀逐慶氏封來奔魯獻車於季武子美澤可以鑑展莊叔見之曰車甚澤人必瘁宜其亡也叔孫食封封氾祭穆子不說使工為之誦茅鴟亦不知也齊人來讓奔吳吳句餘予之朱方聚其族焉而居之富於其舊子服惠伯謂叔孫曰天殆富淫人慶封又富矣穆子曰善人富謂之

賞淫人富謂之殃天其殃之也其將聚而殲旃昭四年會于申楚使屈申圍朱方八月克之執封而盡滅其族將戮封椒舉曰臣聞無瑕者可以戮人封惟逆命是以在此其肯從於戮乎播於諸侯焉用之王弗聽負之斧鉞以徇於諸侯使言曰無或如齊慶封弒其君弱其孤以盟其大夫慶封曰無或如楚共王之庶子圍弒其君兄之子麇而代之以盟諸侯軍人粲然皆懼王使速殺之春秋之義用貴治賤用賢治不肖不以亂治亂也孔

子曰懷惡而討雖死不服其斯之謂與

齊崔杼

崔杼齊相也是為崔武子棠公死武子弔焉見棠姜美之武子取之莊公通焉杼遂弒之賈舉州綽邴師公孫敖封具鐸父襄伊僂堙皆死祝佗父祭於高唐至復命不説弁而死於崔氏申蒯侍漁者退謂其宰曰爾以帑免我將死其宰曰免是反子之義也與之皆死崔氏殺騣蔑于平陰丁丑杼立景公而相之盟國人於大宫太

史書曰崔杼弑其君崔子殺之其弟嗣書而死者二人其弟又書乃舍之南史聞太史盡死執簡以往聞既書乃還

贊曰太叔儀不以居行貳其心斯可託國矣為國而不學幾何而不相蒙以趨乎亂也閔子一言知其本矣陳文子處崔慶之間而能不汚其身難矣然身為齊卿知崔子有無君之心而不能保其君於全知盧蒲癸作難而不能免慶氏於禍闔門收子坐觀勝敗孔子謂其清

矣而未仁殆以此也桓子之滅欒高非忠也乃翦公室以自封也鄭良霄齊慶封稔其惡不如是不足以滅身而覆宗也

春秋臣傳卷二十二

春秋臣傳卷二十三

宋 王當 撰

昭公一

晉中行穆子 荀吳

中行穆子名荀吳偃之子也元年穆子敗無終及羣狄於太原崇卒也魏舒請毀車為行為五陳以相離兩於前伍於後專為右角參為左角偏為前拒以誘之狄人

笑之未陳而薄之大敗之十五年秋吳師師伐鮮虞圍鼓鼓人或請以城叛不許左右曰師徒不勤而可以獲城何故不為穆子曰吾聞諸叔向曰好惡不愆民知所適事無不濟或以吾城叛吾所甚惡也人以城來吾獨何好焉賞所甚惡若所好何若其弗賞是失信也何以庇民力能則進否則退量力而行吾不可以欲城而邇姦所喪滋多使鼓人殺叛人而繕守備圍鼓三月鼓人或請降使其民見曰猶有食邑姑脩而城軍吏曰獲城

而弗取勤民而頓兵何以事君穆子曰吾以事君也獲一邑而教民怠將焉用邑邑以賈怠不如完舊賈怠無卒棄舊不祥鼓人能事其君率義不爽好惡不愆城可獲而民知義所有死命而無二心不亦可乎鼓人告食竭力盡而後取之克鼓而反不戮一人以鼓子载鞮歸令鼓人各復其所非僚弗從鼓子之臣曰夙沙釐以其孥行軍吏執之辭曰我君是事非事土也名曰君臣豈曰土臣今君實遷臣何賴於鼓穆子名之曰鼓有君矣

爾止事君吾定而祿爵荅曰臣委質於狄之鼓未委質於晉之鼓也臣聞委質為臣無有二心委質而策死古之法也君有烈名臣無畔質敢即私利以煩司寇而亂舊法其若不虞何穆子嘆謂其左右曰吾何德之務而有是臣也乃使行旣而獻言於公與鼓子田於河陰使夙沙釐相之十七年晉侯使屠蒯如周請有事於雒與三塗萇弘曰客容猛非祭也其伐戎乎九月吳帥師涉自棘津使祭史先用牲於雒陸渾人弗知師從之遂滅

陸渾

魯叔孫昭子婼

叔孫昭子名婼穆叔之庶子也穆叔卒豎牛立昭子而相之昭子即位朝其家衆曰豎牛禍叔孫氏使亂大從殺適立庶將以赦罪罪莫大焉必速殺之豎牛懼奔齊孟仲子之子殺之於塞關之外投其首於寧風之棘上仲尼曰叔孫昭子之不勞不可能也周任有言曰為政者不賞私勞不罰私怨詩曰有覺德行四國順之九年

冬築郎囿書時也季平子欲其速成也昭子曰詩云經始勿亟庶民子來焉用速成以勦民也無囿猶可無民其可乎十七年六月甲戌朔日有食之祝史請所用幣昭子曰日有食之天子不舉伐鼓於社諸侯用幣於社伐鼓於朝禮也平子禦之曰止也惟正月朔慝未作日有食之於是乎有伐鼓用幣禮也其餘則否太史曰在此月也日過分而未至三辰有災於是乎百官降物君不舉辟移時樂奏鼓祝用幣史用辭故夏書曰辰不集

于房瞽奏鼓嗇夫馳庶人走又月朔之謂也當夏四月
是謂孟夏秋郯子來朝公與之宴昭子問焉曰少皞氏
鳥名官何故也郯子曰吾祖也我知之昔者黄帝氏以
雲紀故為雲師而雲名炎帝氏以火紀故為火師而火
名共工氏以水紀故為水師而水名太皞氏以雲紀故
為龍師而龍名我高祖少皞摯之立也鳳鳥適至故紀
於鳥為鳥師而鳥名鳳鳥氏歷正也玄鳥氏司分者也
伯趙氏司至也青鳥氏司啓者也丹鳥氏司閉者也祝

鳩氏司徒也鶡鳩氏司馬也鳲鳩氏司空也爽鳩氏司寇也鶻鳩氏司事也五鳩鳩民者也五雉為五工正利器用正度量夷民者也九扈為九農正扈民無淫者也自顓頊以來不能紀遠乃紀於近為民師而命以民事則不能故也仲尼聞之見於郯子而學之既而告人曰吾聞之天子失官學在四夷猶信二十五年婼聘於宋宋公享昭子飲酒樂而語相泣樂祁知其皆將死也九月公伐季氏季氏伐公徒公孫于齊次於陽州昭子見

平子曰子以逐君成名不亦傷乎平子曰苟使如意得改事君所謂生死而肉骨也昭子從公于齊與公言公徒將殺昭子公使昭子自鑄歸自是平子有異志十月昭子齊於其寢使祝宗祈死戊辰卒

楚左史倚相 觀射父附

左史倚相楚大史也靈王與子革語倚相趨過王曰是良史也能讀三墳五典八索九丘見申公子亹子亹不出左史謗之舉伯以告子亹怒而出曰女無亦謂我老

耄而舍我而又謗我倚相曰惟子老耄故欲見以交儆
若子方壯能經營百事倚相將奔走承序於是不給而
何暇得見昔衛武公年數九十有五矣猶箴儆於國曰
自卿以下至於師長士苟在朝者無謂我老耄而舍我
必共恪於朝朝夕以交戒我聞一二之言必誦志而納
之以訓導我在輿有旅賁之規位宁有官師之典倚几
有誦訓之諫居寢有暬御之箴臨事有瞽史之導宴居
有師工之誦史不失書矇不失誦以訓御之於是作懿

戒以自儆也及其沒也謂之睿聖武公子實不睿聖於倚相何害子亹懼曰老之過也乃驟見左史王孫圉聘於晉定公享之趙簡子鳴玉以相問於王孫圉曰楚之白珩猶在乎其為寶也幾何曰未嘗為寶楚之所寶者觀射父能作訓辭以行事於諸侯使無以寡君為口實又有左史倚相能道訓典以敘百物朝夕獻善敗於寡君使寡君無忘先君又能上下說乎鬼神順道以惡欲使神無有怨恫於楚國此楚國之寶也若夫白珩先王

之翫也何寶之為其見重如此觀射父楚大夫也觀從之族與倚相齊名昭王問射父曰周書重黎使天地不通者何也若無然民將能登天乎對曰非此之謂也古者民神不雜民之精爽不攜貳者則明神降之在男曰覡在女曰巫是使制神之處位次主而為之牲器時服而又使先聖之後能敬恭明神者以為之祝使名姓之後能心率舊典者以為之宗於是乎有天地神明類物之官各司其序不相亂也民是以能有忠信神是以能

有明德民神異業敬而不瀆故神降之嘉生民以物享禍災不至求用不匱及少皡之衰也九黎亂德民神雜揉不可方物夫人作享祀家爲巫史無有要質民匱於祀而不知其福烝享無度民神同位民瀆齊盟無有嚴威神狎民則不蠲其爲嘉生不降無物以享禍災薦臻莫盡其氣顓頊受之乃命南正重司天以屬神命火政黎司地以屬民使復舊常無相侵瀆是謂絶地天通司馬子期祀平王祭以牛俎於王王問射父曰祀牲何及

對曰祀加於舉天子舉以大牢祀以會諸侯舉以特牛祀以大牢卿舉以少牢祀以特牛大夫舉以特牲祀以少牢士食魚炙祀以特牲庶人食菜祀以魚上下有序民則不慢王曰小大何如對曰神以精明臨民故求備物不求豐大郊禘不過繭栗烝嘗不過把握王曰芻豢幾何對曰遠不過三月近不過浹日王曰所謂一純二精七事何也對曰聖王不違心精物以臨監無有苛慝於神明者謂之一純玉帛為二精天地民及四時為七

事王曰三事何也對曰天事武地事文民事忠信

魯仲孫貜

仲孫貜魯卿也孟獻子之曾孫是曰孟僖子七年公如楚僖子為介於是辛晉人來治杞田季孫將以成與之謝息為孟孫守不可曰人有言曰雖有挈瓶之智守不假器禮也乃遷於桃泉丘人有女夢以其帷幕孟氏之廟遂奔僖子生何忌及説二十四年丙戌卒僖子之將死也召其大夫曰禮人之幹也無禮無以立吾聞將有

達者曰孔丘聖人之後也而滅於宋其祖弗父何以有宋而授厲公及正考父佐戴武宣三命茲益恭是以其鼎銘云一命而僂再命而傴三命而俯循牆而走亦莫余敢侮饘於是粥於是以糊余口其共也如是臧孫紇有言曰聖人有明德者若不當世其後必有達人今其將在孔丘乎我若獲没必屬說與何忌於夫子使事之而學禮焉以定其位故孟懿子與南宮敬叔師事仲尼仲尼曰能補過者君子也詩曰君子是則是傚孟僖子

可則儆已矣

贊曰荀吳伐鼓庶乎文公伐原之師庸能討鮮虞滅陸渾復振晉之威令信義之效不虛也叔孫昭子見微而知其故臨難而不茍免其有穆叔之風乎不幸見欺於季孫懷忠憤懣至効士殳之請哀哉楚靈王驕虐而猶敬左史其良心未亡也惜乎退而寒之者衆一左史如楚王何孟僖子之才之行俱無取然知自反而求學猶愈於迷而不知復也

春秋臣傳卷二十三

欽定四庫全書

春秋臣傳卷二十四

宋　王當　撰

昭公二

魯子家懿伯

子家懿伯名羈魯大夫也莊公之玄孫昭公將殺季氏告子家子子家子曰季氏僭公室久矣吾欲殺之何如子家子曰諸侯僭於天子大夫僭於諸侯久矣昭公曰吾何僭

矣哉子家子曰設兩觀乘大路朱干玉戚以舞大夏八佾以舞大武皆天子之禮也季氏得民久矣君無多辱焉公不從伐季氏平子登臺請以五乘亡公弗許子家子曰君其許之弗聽季氏伐公徒公孫于齊次于陽州二十六年居于鄆二十八年公如晉次于乾侯三十二年正月書曰公在乾侯言不能外内又不能用其人也十二月書曰公薨于乾侯言失其所也定元年叔孫成子逆公之喪子家子不見叔孫而亡初二十五年夏有

鸜鵒來巢書所無也師已曰異哉吾聞文武之世童謡有之鸜之鵒之公出辱之鸜鵒鸜鵒往歌來哭已而果然

晉蔡墨

蔡墨名黯晉史大夫也二十九年秋龍見于絳郊魏獻子問於蔡墨曰吾聞之蟲莫知於龍以其不生得也謂之知信乎對曰人實不知非龍實知古者畜龍故國有豢龍氏有御龍氏獻子曰是二氏者吾亦聞之而不知

其故是何謂也對曰昔有飂叔安有裔子曰董父實甚好龍能求其耆欲以飲食之龍多歸之乃擾畜龍以服事帝舜帝賜之姓曰董氏豢龍封諸鬷川鬷夷氏其後也故帝舜氏世有畜龍及有夏孔甲擾于有帝帝賜之乘龍河漢各二各有雌雄孔甲不能食而未獲豢龍氏有陶唐氏既衰其後有劉累學擾龍于豢龍氏以事孔甲能飲食之夏后嘉之賜氏曰御龍以更豕韋之後龍以雌死潛醢以食夏后夏后饗之既而使求之懼而遷

於魯縣范氏其後也獻子曰今何故無之對曰夫物物有其官官修其方朝夕思之一日失職則死及之失官不食官宿其業其物乃至若泯棄之物乃坻伏鬱湮不育故有五行之官是謂五官實列受氏姓封為上公祀為貴神社稷五祀是尊是奉木正曰勾芒火正曰祝融金正曰蓐收水正曰玄冥土正曰后土龍水物也水官棄矣故龍不生得獻子曰社稷五祀誰氏之五官也對曰少皥氏有四叔曰重曰該曰脩曰熙實能金木及水

使重為勾芒該為蓐收脩及熙為玄冥世不失職遂濟窮桑此其三祀也顓頊氏有子曰犂為祝融共工氏有子曰句龍為后土此其二祀也后土為社稷田正也有烈山氏之子曰柱為稷自夏以上祀之周棄亦為稷自商以來祀之

晉籍談

籍談晉大夫也十五年荀躒如周葬穆后談為介既葬除喪王以文伯宴樽以魯壺王曰伯氏諸侯皆有以鎮

撫王室晉獨無有何也文伯揖談對曰諸侯之封也皆受盟器于王室以鎮撫其社稷故能薦彝器於王晉居深山戎狄之與鄰而遠於王室王靈不及拜戎不及其何以獻器王曰叔氏而忘諸乎叔父唐叔成王之母弟也其反無分乎密須之鼓與其大路文所以大蒐也闕鞏之甲武所以克商也唐叔受之以處參虛匡有戎狄其後襄之二路鏚鉞秬鬯彤弓虎賁文公受之以有南陽之田撫征東夏非分而何且昔而高祖孫伯黶司晉

之典籍以為大政故曰籍氏女司典之後也何故忘之
談不能對賓出王曰籍父其無後乎數典而忘其祖談
歸以告叔向叔向曰王其不終乎王一歲而有三年之
喪二焉於是乎以喪賓宴又求彝器樂憂甚矣且非禮
也彝器之來嘉功之由非由喪也三年之喪雖貴遂服
禮也王雖弗遂宴樂以蚤亦非禮也禮王之大經也一
動而失二禮無大經矣言以考典典以志經忘經而多
言舉典將焉用之子秦嗣定十四年晉師敗于潞獲籍

秦籍氏乃絶

周泠州鳩

泠州鳩周樂工也二十一年春天王將鑄無射州鳩曰王其以心疾死乎夫樂天子之職也夫音樂之輿也而鍾音之器也天子省風以作樂器以鍾之輿以行之小者不窕大者不槬則和於物物和則嘉成故和聲入於耳而藏於心心億則樂窕則不咸槬則不容心是以感感實生疾今鍾槬矣王心弗堪其能久乎景王問曰七

律者何對曰昔武王伐殷歲在鶉火月在天駟日在析木之津辰在斗柄星在天黿星與日辰之位皆在北維顓頊之所建也帝嚳受之我姬氏出自天黿及析木者有建星及牽牛焉則我皇妣大姜之姪伯陵之後逢公之所憑神也歲之所在則我有周之分野也月之所在辰馬農祥也我大祖后稷之所經緯也王欲因是五位三所而用之自鶉及駟七列也南北之揆七同也凡神人以數合之以聲昭之數合聲和然後可同也故以七

同其數而以律和其聲於是乎有七律天王鑄鐘成伶人告和王謂州鳩曰鐘果和矣對曰未可知也王曰何故對曰上作器民備樂之則為和今財亡民罷莫不怨恨臣不知其和也且民所曹好鮮其不濟也其所曹惡鮮其不廢也故諺曰衆心成城衆口鑠金王曰爾老耄矣何知二十二年四月王有心疾乙丑崩鐘不和

秦醫和

醫和秦醫也昭元年晉平公疾求醫於秦秦景公使醫

和視之曰疾不可為也是謂近女室疾如蠱非鬼非食惑以喪志良臣將死天命不祐公曰女不可近乎對曰節之先王之樂所以節百事也故有五節遲速本末以相及中聲以降五降之後不容彈矣於是有煩手淫聲慆堙心耳乃忘平和君子弗聽也物亦如之至於煩乃舍也已無以生疾君子之近琴瑟以儀節也非以慆心也天有六氣降生五味發為五色徵為五聲淫生六疾六氣曰陰陽風雨晦明也分為四時序為五節過則為

菑陰淫寒疾陽淫熱疾風淫末疾雨淫腹疾晦淫惑疾
明淫心疾女陽物而晦時淫則生內熱惑蠱之疾今君
不節不時能無及此乎出告趙孟趙孟曰誰當良臣對
曰主是謂矣和聞之國之大臣有菑禍興而無改焉必
受其咎今君至於淫以生疾將不能圖恤社稷禍孰大
焉主不能禦吾是以云也趙孟曰何謂蠱對曰淫溺惑
亂之所生也於文皿蟲為蠱穀之飛亦謂蠱在周易女
惑男風落山謂之蠱皆同物也趙孟曰良醫也厚其禮

而歸之始晉景公疾病求醫於秦秦伯使醫緩為之未至公夢疾為二豎子曰彼良醫也懼傷我焉逃之其一曰居肓之上膏之下若我何醫至曰疾不可為也在肓之上膏之下攻之不可達之不及藥不至焉不可為也公曰良醫也厚其禮而歸之故秦世有良醫

魯季孫意如

季孫意如魯卿悼子紇之子也是曰季平子十年平子伐莒獻俘始用人於亳社臧武仲聞而非之二十五年

季郈之雞鬬季氏介其雞郈氏為之金距平子怒益宮於郈氏且讓之故郈昭伯亦怨平子公伐季氏因請亡皆不許子家子曰君其許之政自之出久矣弗聽郈孫曰必殺之公使郈孫逆孟懿子叔孫氏之司馬鬷戾言於其衆曰若之何莫對又曰我家臣也不敢知國凡有季氏與無於我孰利皆曰無季氏是無叔孫氏鬷戾曰然則救諸帥徒陷西北隅以入公徒釋甲執冰而踞遂逐之孟氏執郈昭伯殺之遂伐公徒公孫于齊明年居

鄆三十一年薨于乾侯定五年六月平子行東野還卒于房

贊曰子家子從公于外間關險阻言雖不用而始終一節賢矣哉昭公之愚不移也既不能受制於彊臣又不能親大國聽忠諫自辱于齊退無所成何為者邪女叔之言不苟矣蔡墨博達而正其在師曠史趙之間乎古者審音原診皆足以知政州鳩醫和知此道矣豈止技藝而已哉詩曰士也罔極二三其德季孫意如之謂矣

泣告昭子徒跣晉使若恐不得以事君也及為謀焉則
又陰賂齊晉之權嬖以撓之是何人也生不能事死而
厚終猶不足以葢前惡剏欲溝墓而加謚乎原其用心
葢將暴矣使自斃以避惡名得死牖下幸哉

春秋臣傳卷二十四

欽定四庫全書

春秋臣傳卷二十五

宋 王當 撰

昭公三

楚沈尹戌

沈尹戌楚沈尹也為左司馬囊瓦為令尹城郢戌曰子常必亡郢苟不能衛城無益也古者天子守在四夷天卑守在諸侯諸侯守在四鄰諸侯卑守在四竟慎其四

竟結其四援民狎其野三務成功民無内憂而又無外懼國焉用城今吳是懼而城於郢守已小矣卑之不獲能無亡乎昔梁伯溝其公宫而民潰民棄其上不亡何待夫正其疆場脩其土田險其走集親其民人明其伍候信其鄰國慎其官守守其交禮不僭不貪不懦不耆完其守備以待不虞又何畏矣詩曰無念爾祖聿脩厥德無亦監乎若敖蚡冒至於武文土不過同慎其四境猶不城郢今土數圻而郢是城不亦難乎定四年吳伐

楚舍舟于淮汭自豫章與楚夾漢戍謂子常曰子沿漢而與之上下我悉方城外以毀其舟還塞大隧直轅冥阨子濟漢而伐之我自後擊之必大敗之既謀而行武城黑謂子常曰吳用木也我用革也不可久也不如速戰史皇謂子常曰楚人惡子而好司馬若司馬毀吳舟于淮塞城口而入是獨克吳也子必速戰不然不免乃濟漢吳敗之五戰及郢戍及息而還戰于雍澨傷子諸梁嗣

晉士彌牟 景伯

士彌牟晉大夫士景伯也士文伯之子世為理官二十五年夏會于黄父謀王室也趙簡子令諸侯之大夫輸王粟具戍人曰明年將納王宋樂大心曰我不輸粟我於我為客若之何使客士伯曰子奉君命以會大事而宋背盟無乃不可乎右師不敢對受牒而退士伯告簡子曰宋右師必亡奉君命以使而欲背盟以干盟主無不祥大焉三十二年魏舒韓不信合諸侯之大夫于狄

泉且令城成周士彌年營成周計丈數揣高卑度厚薄仞溝洫物土方議遠邇量事期計徒庸慮財用書餱糧以令役於諸侯屬役賦丈書以授帥而效諸劉子韓簡子臨之以為成命定元年正月城成周庚寅栽宋仲幾不受功曰滕薛郳吾役也薛宰曰宋為無道絶我小國於周以我適楚故我常從宋晉文公為踐土之盟曰凡我同盟各復舊職若從踐土若從宋亦惟命仲幾曰踐土固然薛宰曰薛之皇祖奚仲居薛以為夏車正奚仲

遷於邳仲虺居薛以為湯左相若復舊職將承王官何故以役諸侯仲幾曰三代各異物薛焉得有舊為宋役亦其職也士彌牟曰晉之從政者新子姑受功歸吾視諸故府仲幾曰縱子忘之山川鬼神其忘諸乎士伯怒謂韓簡子曰薛徵於人宋徵於鬼宋罪大矣且已無辭而抑我以神誣我也啟寵納侮其此之謂矣必以仲幾為戮乃執仲幾以歸三月歸諸京師

宋樂祁犂

樂祁犂字子梁宋司城也子罕之孫二十五年魯叔孫昭子聘於宋宋公宴之語相泣也祁曰哀樂而樂哀皆喪心也心之精爽是為魂魄魂魄去之何以能久冬叔孫宋公俱卒定公九年子明謂桐門右師曰吾猶衰經而子擊鍾何也右師曰喪不在此故也既而告人曰已衰經而生子余何故舍鍾子明聞之怒言於公曰右師將作亂乃逐桐門右師

魯仲孫何忌

仲孫何忌魯卿仲孫貜之子也是曰孟懿子昭公之伐季氏使郈孫逆懿子孟氏使登西北隅以望季氏見叔孫氏之旌以告執郈昭伯殺之遂伐公徒公遂行哀七年季康子欲伐邾乃饗大夫以謀之孟孫曰二三子以為何如諸大夫對曰禹合諸侯於塗山執玉帛者萬國今其存者無數十焉惟大不字小小不事大也秋伐邾及范門猶聞鍾聲大夫茅成子請告於吳不許曰魯擊柝聞於邾吳二千里不三月不至何及於我且國內豈

不足師遂入邾。初哀三年司鐸火火踰公宫桓僖災救火者皆曰顧府南宫敬叔至命周人出御書俟於宫曰庀女而不在死子服景伯至命宰人出禮書以待命命不共有常刑富父槐至曰無備而官辦者猶拾瀋也於是乎去表之槀道還公宫孔子在陳聞火曰其桓僖乎

齊梁丘據

梁丘據字子猶齊嬖大夫也齊景公疾據請誅祝固史嚚晏子諫而止公曰據與我和晏子以為同也非和也

語並見晏嬰傳定十年公會齊侯于夾谷孔子相齊侯將享公仲尼謂據曰齊魯之故吾子何不聞焉事既成矣而又享之是勤執事也且犧象不出門嘉樂不野合饗而既具是棄禮也若其不具用秕稗也用秕稗君辱棄禮名惡子盍圖之夫享所以昭德也不昭不如其已也乃不果享

楚囊瓦

囊瓦字子常楚令尹子囊之孫也定三年蔡昭侯為兩

佩與兩裘以如楚獻其一於昭王子常欲之弗與三年止之唐成公如楚有兩肅爽馬子常欲之弗與亦三年止之及唐人獻馬蔡人獻佩乃歸蔡侯唐侯四年冬楚侯吳子唐侯伐楚子常三戰不克遂奔鄭吳人五戰及郢楚子奔隨申包胥乞師於秦明年敗吳師楚子乃歸

初鬬且廷見子常子常與之語問蓄貨聚馬歸以語其弟曰令尹其不免乎問蓄聚積實如餓豺狼焉殆必亡也昔鬬子文三舍令尹無一日之積恤民之故也成王

闘子文之朝不及夕也於是乎每朝設脯一束糗一筐以羞子文至於今令尹秩之成王每出子文之禄必逃王止而後復人謂子文曰人生求富而子逃之何也對曰夫從政者以庇民也民多曠者而我取富焉是勤民以自封也死無日矣我逃死非逃富也故莊王之世滅若敖氏惟子文之後在至今為楚良臣是不先恤民而後已之富乎今子常相楚四境盈壘道殣相望是之不恤而蓄聚不厭積貨滋多積怨滋厚不亡何待

贊曰沈尹戌天資忠正勇而有謀雖見背於子常其功不遂其志亦壯矣士景伯雖未能片言折獄亦不至貪以敗官能世其家也孟懿子兄弟事仲尼者也昭公之出何忌之忠無聞反為之伐公徒懿子問孝孔子對以無違孟懿子未免有違者也推事親則事君可知矣敬叔尚賢於兄哉囊瓦昬墨信讒害忠良喪國家舉身以亡可勝誅哉

春秋臣傳卷二十五

春秋臣傳卷二十六

宋 王當 撰

昭公四

周單穆公 旗

周穆公名旗王卿士也十八年景王鑄大錢穆公曰不可古者天災降戾於是乎量資幣權輕重以振救民民患輕則為之作重幣以行之於是乎有母權子而行民

皆得焉若不堪重則多作輕而行之亦不廢重於是乎有子權母而行小大利之今王廢輕而作重民失其資能無匱乎若匱王用將有所乏乏則將厚取於民民不給將有遠志是離民也王弗聽卒鑄大錢二十一年王將鑄無射而為之大林穆公曰作重幣以絶民資又鑄大鍾以鮮其繼生何以殖先王之制鍾也大不出鈞重不過石律度量衡於是乎生小大器用於是乎出故聖人慎之今王作鍾聽之弗及比之不度將焉用之夫耳

目心之樞機也耳内和聲口出美言以為憲令而布諸民正之以度量民以心力從之不倦樂之至也若視聽不和於是乎有狂悖之言有過慝之度出令不信動不順時民無據依各有離心其何以能樂三年之中有離民之器二焉國其危哉王弗聽明年景王崩王室亂

周劉文公狄

劉文公名狄字伯蚠王卿士也劉獻公摯之庶子二十二年王子朝賓起有寵於景王王與賓孟說之欲立之

伯𫍯事單穆公惡賓孟之為人也願殺之又惡子朝之言以為亂願去之賓孟適郊見雄雞自斷其尾問之侍者曰自憚其犧也遽歸告王且曰雞其憚為人用乎人異於是犧者實用人人犧實難巳犧何害王弗應夏四月王田北山使公卿皆從將殺單子劉子王有心疾乙丑崩于榮錡氏戊辰劉子摯卒無子單子立劉𫍯十月晉納王于王城十一月乙酉王子猛卒不成喪也巳丑敬王即位二十六年晉師逐王子朝子朝奔楚定四年

劉文公卒子桓公嗣五年春王人殺子朝于楚八年劉子單子復敬王以定王室

吳伍子胥

伍子胥名員吳相也父連尹奢為楚太子建之師費無極言於楚子曰建與伍奢將以方城之外作亂王信之執伍奢二十年太子建奔宋無極曰奢之子材若在吳必憂楚國盍以免其父名之彼仁必來不然將為患王使名之曰來吾免而父兄棠君尚謂員曰爾適吳我將

歸死吾知不逮我能死爾能報奔死免父孝也度功而行仁也擇任而往知也知死不辟勇也父不可棄名不可廢爾其勉之伍尚歸奢闔員不來曰楚君大夫其旰食乎楚人皆殺之員如吳言伐楚之利闔廬從之楚於是乎始病自昭王即位無歲不有吳師定四年唐侯蔡侯怨令尹子常因吳以伐楚敗楚師五戰及郢楚幾亡哀元年吳王夫差敗越于夫椒遂入越越子以甲楯五千保于會稽使大夫種因吳太宰嚭以行成吳子將許

之伍員曰不可臣聞之樹德莫如滋去疾莫如盡昔有過澆殺斟灌以伐斟鄩滅夏后相后緡方娠逃出自竇歸於有仍生少康焉為仍牧正惎澆能戒之澆使椒求之逃奔有虞為之庖正以除其害虞思於是妻之以二姚邑諸綸有田一成有衆一旅能布其德而兆其謀以收夏衆撫其官職使女艾諜澆使季杼誘豷遂滅過戈復禹之績祀夏配天不失舊物今吳不如過而越大於少康或將豐之不亦難乎勾踐能親而務施大夫種勇

而善謀將還翫吳國於股掌之上以得其志使吳淫樂於諸夏之國以自傷也使吾甲兵鈍弊而日以憔悴也然後安受吾燼今吾猶可以戰也為虺弗摧為蛇將若何弗聽退而告人曰越十年生聚而十年教訓二十年之外吳其為沼乎三月越及吳平十一年吳將伐齊越子率其衆以朝焉王及列士皆有饋賂吳人皆喜惟子胥懼曰是豢吳也夫諫曰夫其柔服求濟其欲也不如早從事焉得志於齊猶獲石田也無所用之越不為沼

吳其泯矣使醫除疾而曰必遺類焉未之有也弗聽使於齊屬其子於鮑氏反役王聞之使賜之屬鏤以死將死曰樹吾墓檟檟可材也吳其亡乎王慍之取其尸盛以鴟夷而投之於江十三年公會吳子于黄池六月越人入吳三十一年越滅吳吳王繿將死曰使死者無知則已若其有知吾何面目以見員也

楚公子申子西

令尹子西名申楚平王之庶長也二十六年平王卒令

尹子常欲立子西曰太子壬弱其母非適也王子建實聘之子西長而好善立長則順建善則治子西怒曰王有適嗣不可亂也亂嗣不祥必殺令尹令尹懼乃立昭王哀六年楚子圍蔡蔡請遷於吳吳師在陳楚子將救陳卜戰不吉卜退不吉王曰然則死也再敗楚師不如死棄盟逃讎亦不如死死一也其死讎乎命公子申為王不可則命公子結亦不可則命公子啟五辭而後許將戰王有疾卒于城父子閭退曰君王舍其子而讓羣

臣敢忘君乎從君之命順也立君之子亦順也二順不可失也與子西謀逆越女之子章立之而後還是歲也有雲如衆赤鳥夾日以飛三日楚子使問諸周太史周太史曰其當王身乎若禜之可移於令尹司馬王曰除腹心之疾而寘諸股肱何益不穀不有大過天其夭諸有罪受罰又焉移之乃弗禜孔子曰楚昭王知大道矣其不失國也宜哉十六年楚殺太子建其子曰勝在吳子西欲名之葉公言其詐而亂不可弗聽名之使處邊

竟為白公將作亂子平以告子西曰勝如卵余翼而長之既而果作亂殺子西子期於朝而刼惠王子西以袂掩面而死慙於葉公也初王將遊荆臺司馬子祺諫王怒之令尹子西賀於殿下曰今荆臺之觀不可失也王喜拊其背曰與子共樂之矣子西步馬十里引轡而止之曰臣願言有道王其肯聽之乎王曰子其言之曰臣聞為臣而忠其君者爵禄不足以賞也諛其君者刑罰不足以誅也夫子祺者忠臣也而臣者諛臣也願王賞

忠而誅諛焉王曰今我聽司馬之諫是獨能禁我耳若後世遊之何也子西曰禁後世易耳大王萬歲之後起山陵於荆臺之上則子孫必不忍遊於祖父之墓以為歡樂也王曰善乃還孔子聞之曰至哉子西之諫也入於十里之上抑於百世之後者也

楚鬬辛

鬬辛楚鄖邑大夫也鬬韋龜之孫蔓成然之子平王即位成然為令尹成然有德於王王不知度王患之昭十四

年殺成然使辛居鄖以無忘舊勲吳師入郢楚王奔鄖辛之弟懷將弑王曰在國則君在外則讎也平王殺吾父我殺其子不亦可乎辛曰事君者不為外内行不為豐約舉茍君之尊卑一也且夫自敵已以下則有讎下虐上為弑上虐下為討君討臣誰敢讎之君命天也若死天命將誰讎詩曰柔亦不茹剛亦不吐不侮矜寡不畏彊禦唯仁者能之違彊凌虐非勇也乘人之約非仁也滅宗廢祀非孝也動無令名非知也必犯是余將殺

女辛與其弟巢以王奔隨楚子入郢賞鬬辛鬬懷鬬巢王孫由于申包胥子西曰請舍懷也王曰大德滅小怨道也子西謂王曰君有二臣或可賞也或可戮也君王均之羣臣懼矣王曰其成然之二子邪吾知之矣或禮於君或禮於父不亦可乎

贊曰單子文而達其有襄公之遺範乎東王之不亡單劉之力也茍中心圖君雖力不足終必至焉子胥復父之讐諫君之失忠孝得矣至求勇士以成志鞭故君以

攄憤猶有憾焉古之人行一不義殺一不辜雖得天下不為況於此乎子西兄弟辭萬乘之國復已亡之楚其節高矣其功大矣然俱不免白公之難以子西不能從善而昧於知人也傳曰仁而不武子西是矣善哉葉公之言曰國家將敗必用奸人而嗜其疾味其知之矣史稱楚昭王欲以書社五百封孔子子西恐其遂王也而止之審如是死非不幸也然聖人之行藏天也天之未欲平治天下也子西安能為之用舍哉鬬辛不以父怨

秉君急知上下之義矣

春秋臣傳卷二十六

欽定四庫全書

春秋臣傳卷二十七

宋　王當　撰

昭公五

晉趙鞅

趙鞅趙簡子也一名志父趙武之孫趙成之子也二十五年夏會於黄父謀王室也簡子令諸侯之大夫輸王粟具戍人曰明年將納王見子太叔而問揖讓周旋之

禮焉二十九年賦晉國一鼓鐵以鑄刑鼎鞅與焉仲尼
史墨非之子太叔卒簡子思黄父之言為之哭臨甚哀
定十三年秋書曰鞅入於晉陽以叛初鞅謂邯鄲午曰
歸我衛貢五百家吾舍諸晉陽午許諾歸告其父兄父
兄不可趙孟怒名午而囚諸晉陽遂殺之午子趙稷以
邯鄲叛六月上軍司馬籍秦圍邯鄲午荀寅之甥也荀
寅范吉射之姻也而相與睦故不與圍邯鄲將作亂秋
七月范氏中行氏伐趙氏之宫鞅奔晉陽晉人圍之荀

躒言於晋侯曰君命大臣始禍者死載書在河今三臣
始禍而獨逐鞅刑已不鈞矣請皆逐之冬十一月荀躒
韓不信魏曼多奉公以伐范氏中行氏丁未荀寅士吉
射奔朝歌韓魏以趙氏為請十二月辛未鞅入於絳盟
於公宫哀三年十月趙鞅圍朝歌荀寅范吉射奔邯鄲
四年九月趙鞅圍邯鄲荀寅奔鮮虞十二月鮮虞納寅
於柏人五年春晋圍柏人荀寅士吉射奔齊六年鞅伐
鮮虞十年夏伐齊十九年卒子無恤嗣董安於簡子家

臣也下邑之役安于多功簡子賞之辭固賞之對曰方臣之少也進秉筆贊為命名稱於前世義於諸侯而主弗志及臣之壯也耆其股肱以從司馬苛慝不産及臣之長也端委韠帶以隨宰人民無二心今臣一旦為狂疾而曰必賞女是以狂疾賞也不如無趨而出乃釋之及死簡子祀安于於廟

晉荀寅

荀寅晉卿中行文子荀吳之子也二十九年從趙鞅城

汝濱遂賦晉國一鼓鐵以鑄刑鼎著范宣子所為刑書焉仲尼曰晉其亡乎失其度矣夫晉國將守唐叔之所受法度以經緯其民所謂度也文公是以作執秩之官為被廬之法以為盟主今棄是度也而為刑鼎民在鼎矣何以為國且夫宣子之刑夷之蒐也晉國之亂制也若之何以為法蔡史墨曰范氏中行氏其亡乎定四年劉文公合諸侯於召陵謀伐楚也寅求貨於蔡晉於是乎失諸侯十三年趙鞅起晉陽之慝至哀四年寅奔鮮

鮮虞納寅於柏人五年晉圍柏人荀寅士吉射奔齊
初范氏之臣王生惡張柳朔言諸昭子使為柏人昭子
曰夫非而讐乎對曰私讐不及公好不廢過惡不去善
義之經也臣敢違之及范氏出張柳朔謂其子爾從主
勉之我將止死王生授我矣吾不可以僭之遂死於柏
人

宋華亥

華亥宋卿也華元之孫華合之弟宋元公無信多私而

惡華向華定華亥與向寧謀曰亡愈於死遂誘羣公子而殺之宋公如華氏請焉弗許遂劫之於是宋公與華氏向氏交質其子既而公殺華向之質而攻之昭二十年華亥向寧華定出奔陳二十一年自陳入於宋南里以叛十月華登以吳師救華氏十一月復如楚乞師二十二年華向自南里出奔楚

魯南蒯

南蒯魯季氏費邑宰也南遺之子季平子立而不禮於

蒯蒯以費叛十三年叔弓圍費弗克平子怒令見費人執之以為囚俘冶區夫曰非也若見費人寒者衣之飢者食之為之令主而供其乏困費來如歸南氏亡矣平子從之費人叛南氏蒯奔齊侍酒於景公公曰叛夫對曰臣欲張公室也卒於齊

魯陽虎

陽虎魯季氏家臣陽貨季寤公鉏極公山不狃皆不得志於季氏叔孫輒無寵於叔孫氏叔仲志不得志於魯

故五人因陽虎虎欲去三桓以季寤更季氏以叔孫輒更叔孫氏巳更孟氏定八年十月順祀先公而祈焉辛卯禘於僖公陽虎伐孟氏戰於棘下陽氏敗虎說甲如公宫取寶玉大弓以出遂入於讙陽關以叛明年夏虎歸寶玉大弓書曰得器用也凡獲器用曰得得用焉曰獲遂奔晉卒於晉公山不狃師敗與叔孫輒奔吳吳將伐魯問於叔孫輒對曰魯有名而無情伐之必得志焉退而告公山不狃不狃曰非禮也以小惡而欲覆宗國

不亦難乎王問於不狃對曰魯雖無與立必有與斃諸
侯將救之未可以得志焉晋與齊楚輔之是四讐也

衛齊豹

齊豹衛司寇也齊惡之子公孟縶狎齊豹奪之司寇與
鄄公子朝通於襄夫人宣姜懼而欲以作亂初豹見宗
魯於公孟為驂乘焉將作亂而謂之曰公孟之不善子
所知也勿與乘吾將殺之對曰吾由子事公孟子假吾
名焉故不吾遠也雖其不善吾亦知之抑以利故不能

去是吾過也今聞難而逃是僭子也子行事乎吾將死之以周事子而歸死於公孟其可也昭二十年六月丙辰衛侯在平壽公孟有事於蓋獲之門外齊子氏帷於門外而伏甲焉公孟出齊氏用戈擊公孟宗魯以背蔽之斷肱以中公孟之肩皆殺之衛侯以北宫氏伐齊氏滅之琴張聞宗魯死將往弔之仲尼曰齊豹之盜而孟縶之賊女何弔焉君子不食姦不受亂不為利疚於回不以回待人不蓋不義不犯非禮三十一年冬邾黑肱

以濫來奔賤而書名重地故也君子曰名之不可不慎也如是夫有所有名而不如其已以地叛雖賤必書地以名其人終為不義弗可滅已是故君子動則思禮行則思義不為利回不為義疚或求名而不得或欲蓋而名彰懲不義也齊豹為衛司寇守嗣大夫作而不義其書為盜邾庶其莒牟夷邾黑肱以土地出求食而已不求其名賤而必書此二物者所以懲肆而去貪也若艱難其身以險危大人而有名章徹攻難之士將奔走之

若竊邑叛君以徼大利而無名貪冒之民將寘力焉是以春秋書齊豹曰盜三叛人名以懲不義數惡無禮其善志也故曰春秋之稱微而顯婉而辯上之人能使昭明善人勸焉淫人懼焉是以君子貴之

楚費無極

費無極楚大夫也楚殺陽令終與其弟完及佗與晉陳及其子弟國人莫不謗令尹沈尹戌言於令尹子常曰仁者殺人以掩謗猶弗為也今吾子殺人以興謗而弗

圖不亦異乎夫無極楚之讒人也民莫不知去朝呉出蔡侯朱喪太子建殺連尹奢屏王之耳目使不聰明不然平王之温惠共儉有過成莊無不及焉所以不獲諸侯邇無極也今又殺三不辜以興大謗幾及子矣子常曰是瓦之罪乃執無極滅其族謗言乃止

贊曰趙鞅殺趙午以啟邯鄲之亂成晉陽之慝終之六卿搆禍晉國衰微不暇顧有諸侯私欲之為害也傳稱簡子欲殺鳴犢孔子以王天下陋哉圖王之術也夫賢

可罔也聖豈可得而罔之考其心迹其奸雄跋扈之尤乎名陵之會勝矣荀寅取貨於蔡不獲而沮其師晉於是乎失諸侯寅之不忠安得不亡也甚哉華向之不臣也君臣交質其子又輔之不道之吳楚詩所謂亂靡有定式月斯生其華向之謂乎南蒯陽虎欲去三桓以張公室其說則是然其用意則以亂易亂者也公山不狃不以小惡而覆宗國猶有仁心焉此孔子所以名而欲往也讒人之禍甚於叛人叛人之禍止於其身讒人無

所不亂費無極陷君不義變易是非使父子君臣不相保惜其滅族之晚也

春秋臣傳卷二十七

欽定四庫全書

春秋臣傳卷二十八

宋　王當　撰

定公一

楚葉公子高沈諸梁

葉公子高姓沈名諸梁沈尹戌之子也為葉大夫吳師入郢獲葉公之母及其弟后臧秦師救楚敗吳師后臧從其母於吳不待而歸葉公終身不正視太子建死其

子勝在吳子西欲名之葉公曰吾聞勝也詐而亂無乃
害乎子西曰余善之夫乃其寧子高曰不然唯仁者可
好也可惡也可高也可下也好之不偪惡之不怨高之
不驕下之不懼不仁者則不然所以啟詐謀也子將若
何弗從名之使處吳境為白公已而果作亂殺子西子
期葉公聞之曰吾怨其棄吾言而德其治楚國楚國之
能平均以復先王之業者夫子也以小怨寘大德吾不
義也將入殺之及北門或遇之曰君胡不胄國人望君

如望慈父母焉盜賊之矢若傷君是絶民望也若之何不冑乃冑而進又遇一人曰君胡冑國人望君如望歳焉日月以幾若見君面是得艾也民知不死其亦夫有奮志猶將旌君以徇於國而又掩面以絶民望不亦甚乎乃免冑而進與其國人攻白公白公奔山而縊其徒微之生拘石乞而問白公之死焉對曰余知其死所而長者使余勿言曰不言將烹乞曰此事克則為卿不克則烹固其所也何害乃烹石乞諸梁兼二事國寧乃使

子西之子子寧為令尹使子期之子寬為司馬而老於葉

楚申包胥

申包胥楚王孫也初伍員與包胥友其亡也謂包胥曰吾必復楚國包胥曰子能復之我必能興之及昭王在隨包胥如秦乞師曰吳為封豕長蛇以荐食上國虐始於楚寡君失守社稷越在草莽使下臣告急若以君靈撫之世以事君秦伯曰子姑就館將圖而告對曰寡君

越在草莽未獲所伏下臣何敢即安立依於庭牆而哭日夜不絕聲勺飲不入口七日秦哀公為之賦無衣九頓首而坐秦師乃出五年包胥以秦師救楚戰於公壻之谿吳師大敗吳子乃歸楚子入郢賞包胥包胥曰吾為君也非為身也君既定矣又何求遂逃賞吳之入楚也使召陳懷公懷公朝國人而問焉曰欲與楚者右欲與吳者左逢滑當公而進曰臣聞國之興也視民如傷是其福也其亡也以民為土芥是其禍也楚雖無德亦

不艾殺其民吳日敝於兵暴骨如莽而未見德焉天其或者正訓楚也禍之適吳其何日之有陳侯從之至是楚果復國後越將伐吳包胥使於越越王勾踐問戰奚以而可包胥曰敢問君王之所以與之戰者王曰在孤之側者觴酒豆肉簞食未嘗敢不分也飲食不致味聽樂不盡聲求以報吳願以此戰包胥曰善則善矣未可以戰也王曰越國之中疾者吾問之死者吾葬之老其老慈其幼長其孤問其病求以報吳願以此戰包胥曰

善則善矣未可以戰也王曰富者吾安之貧者吾與之救其不足裁其有餘使貧富皆利之求以報吳願以此戰包胥曰善哉蔑以加焉然猶未可以戰也夫戰知為始仁次之勇次之不知則不知民之極無以銓度天下之衆寡不仁則不能與三軍共饑勞之殃不勇則不能斷疑以發大計越王曰諾

衛祝鮀子魚

祝鮀字子魚衛大祝也四年劉文公合諸侯於召陵謀

伐楚也將會衛子行敬子言於靈公曰會同難嘖有煩
言莫之治也其使祝鮀從子魚辭曰臣展四體以率舊
職猶懼不給而煩刑書若又共二徼大罪也且夫祝社
稷之常隸也社稷不動祝不出境官之制也君以軍行
祓社釁鼓祝奉以從於是乎出境若嘉好之事君行師
從卿行旅從臣無事焉公曰行也及臯鼬將長蔡於衛
衛侯使鮀私於萇弘曰若聞蔡將先衛信乎萇弘曰信
蔡叔康叔之兄也先衛不亦可乎子魚曰以先王觀之

則尚德也昔武王克商成王定之選建明德以藩屏周故周公相王室以尹天下於周為睦分魯公以大路大旂夏后氏之璜封父之繁弱殷民六族條氏徐氏蕭氏索氏長勺氏尾勺氏使帥其宗氏輯其分族將其類醜以法則周公用即命於周是使之職事於魯以昭周公之明德分之土田陪敦祝宗卜史備物典策官司彝器因商奄之民命以伯禽而封於少皡之虛分康叔以大路少帛綪茷旃旌大吕殷民七族陶氏施氏繁氏錡氏

樊氏饑氏終葵氏封畛土略自武父以南及圃田之北竟取於有閻之土以共王職取於相土之東都以會王之東蒐聃季受土陶叔授民命以康誥而封於殷墟皆啓以商政疆以周索分唐叔以大路密須之鼓闕鞏姑洗懷姓九宗職官五正命以唐誥而封於夏墟啓以夏政疆以戎索三者皆叔也而有令德故昭之以分物不然文武成康之伯猶多而不獲是分也唯不尚年也管蔡啓商惎閒王室王於是乎殺管叔而蔡蔡叔以車七

乘徒七十人其子蔡仲改行帥德周公舉之以為己卿士見諸王而命之以蔡其命書云王曰胡無若爾考之違王命也若之何其使蔡先衛也武王之母弟八人周公為太宰康叔為司寇聃季為司空五叔無官豈尚年哉曹文之昭也晉武之穆也曹為伯甸非尚年也今將尚之是反先王也晉文公為踐土之盟衛成公不在夷叔其母弟也猶先蔡其載書云王若曰云云藏在周府可覆視也吾子欲復文武之略而不正其德將如之何

萇弘説告劉子與范獻子謀之乃長衛侯於盟

鄭駟歂

駟歂字子然鄭卿也定八年歂嗣子太叔為政九年春歂殺鄧析而用其竹刑君子謂子然於是不忠苟有可以加於國家者棄其邪可也故用其道不棄其人詩云蔽芾甘棠勿翦勿伐召伯所茇思其人猶愛其樹况用其道而不恤其人乎子然無以勸能矣

贊曰葉公世勤忠孝知人慮事有先見之明及其闗難

而入定國如反掌復君置宰功成不居又何高也傳曰不有君子其能國乎子高之謂矣稱子高行不勝衣而果斷若是蓋仁者之勇也諸梁嘗問為臣之道於仲尼申包胥志存楚國國寧而逃賞其介推范蠡之徒歟祝子魚辭辨而正是其所以免於辱也太史以為史魚之言誤矣當是時不才而有貌其不能自脫於亂也必矣故孔子曰不有祝鮀之佞而有宋朝之美難乎免於今之世矣是佞也蓋不佞之佞非佞人之佞也鄧析察而

不惠辨而無用其少正卯之徒鄧歂之誅未為過也古之亂人所作為後世法者多矣豈以是免其死哉左氏比之甘棠非其倫也

春秋臣傳卷二十八

欽定四庫全書

春秋臣傳卷二十九

宋 王當 撰

定公二

魯子路

子路孔子弟子仲由也亦曰季路孔子為魯司寇十二年使由為季氏宰將隳三都於是叔孫州仇隳郈季孫斯將隳費公山不狃叔孫輒帥費人以襲魯公與三子

入於季氏之宫登武子之臺費人攻之弗克入及公側仲尼命申句須樂頎下伐之敗諸姑蔑二子奔齊遂隳費將隳成公歛處父謂孟孫隳成齊人必至於北門且成孟氏之保障也無成是無孟氏也子偽不知我將不隳十二月公圍成弗克哀十四年小邾射以句繹來奔曰使季路要我吾無盟矣使子路子路辭季康子使冉有謂之曰千乘之國不信其盟而信子之言子何辱焉對曰魯有事於小邾不敢問故死其城下可也彼不臣

而濟其言是義之也由弗能後子路又為衛孔氏宰初定十四年衛世子蒯聵奔宋及靈公卒子輒立是為出公哀十五年蒯聵因渾良夫入衛迫孔悝彊盟之遂劫以登臺季子聞亂將入遇子羔將出曰弗及不踐其難季子曰食焉不避其難子羔遂出子路入及門公孫敢閽焉曰無入為也季子曰是公孫也求利焉而逃其難由不然利其禄必救其患有使者出乃入曰太子焉用孔悝雖殺之必或繼之且曰太子無勇若燔臺半必舍

孔叔太子聞之懼下石乞盂黶敵子路以戈擊之斷纓子路曰君子死冠不免結纓而死孔子聞衛亂曰柴也其來由也死矣

衛子貢

子貢孔子弟子端木賜也衛人亦曰衛賜十五年春邾隱公來朝子貢觀焉邾子執玉高其容仰公受玉卑其容俯子貢曰以禮觀之二君皆有死亡焉夫禮死生存亡之體也將左右周旋進退俯仰於是乎取之朝祀喪

戎於是乎觀之今正月相朝而皆不度心已亡矣嘉事不體何以能久高仰驕也卑俯替也驕近亂替近疾君為主其先亡乎五月壬申公薨仲尼曰賜不幸言而中是使賜多言者也哀七年公會吳于鄫太宰嚭名季康子康子使子貢辭太宰嚭曰國君道長而大夫不出門此何禮也對曰豈以為禮畏大國也大國不以禮命於諸侯茍不以禮豈可量也寡君既共命焉其老豈敢棄其國太伯端委以治周禮仲雍嗣之斷髮文身贏以為

飾豈禮也哉有由然也十二年公會吳於橐臯吳子使太宰嚭請尋盟公不欲使子貢對曰盟所以周信也弗可改也已若猶可改日盟何益今吾子曰必尋盟若可尋也亦可寒也乃不尋盟吳徵會於衛初衛殺吳行人且姚而懼謀於子羽子羽欲勿往子木曰吳雖無道猶足以患衛往也長木之斃無不摽也國狗之瘈無不噬也而況大國乎秋衛侯會吳於鄖吳人欲執之藩衛侯之舍子貢請東錦以行語及衛故太宰嚭曰寡君願事

衛君衛君之來也緩寡君懼故將止之子貢曰衛君之來必謀於其衆其衆或欲或否是以緩來其欲來者子之黨也其不欲來者子之讐也若執衛君是隳黨而崇讐也夫隳子者得其志矣且合諸侯而執衛君誰敢不懼隳黨崇讐而懼諸侯或者難以霸乎太宰嚭說乃舍衛侯十六年四月己丑孔子卒公誄之曰旻天不弔不慭遺一老俾屏余一人以在位煢煢余在疚嗚呼哀哉尼父無自律子貢曰君其不沒於魯乎夫子之言曰禮

失則昏名失則愆失志為昏失所為愆生不能用死而誄之非禮也稱余一人非名也君兩失之衛出公自城鉏使以弓問子貢且曰吾其入乎子貢稽首受弓對曰臣不識也私於使者曰詩曰無競惟人四方其順之若得其人四方以為主而國於何有卒於越

衛公叔文子　發

公叔文子衛公叔發也初文子朝而請享靈公退見史鰌而告之史鰌曰子必禍矣子富而君貪罪其及子乎

然無害子臣可以免富而能臣必免於難上下同之戌也驕其亡乎文子卒衛侯始惡於公叔戌逐之十四年戌來奔

齊犂彌

犂彌齊大夫也十年春魯及齊平夏公會齊侯於夾谷孔子相彌言於齊侯曰孔丘知禮而無勇若使萊人以兵劫魯侯必得志焉齊侯從之孔子以公退曰士兵之兩君合好而裔夷之俘以兵亂之非齊君所以命諸侯

也裔不謀夏夷不亂華俘不干盟兵不偪好於神為不祥於德為愆義於人為失禮君必不然齊侯聞之遽辟之將盟齊人加於載書曰齊師出竟而不以甲車三百乘從我者有如此盟孔子使茲無還揖對曰而不反我汶陽之田吾以共命者亦如之齊人來歸鄆讙龜陰之田

吳太宰嚭

太宰嚭字子餘姓伯氏楚伯州犂之子也郤宛之難出

奔吳為太宰以謀楚楚自昭王即位無歲不有吳師吳
卒入郢哀十三年越入吳吳師敗申叔儀乞糧於公孫
有山氏曰佩玉橤兮余無所繫之旨酒一盛兮余與褐
之父睨之對曰粱則無矣麤則有之若登首山以呼曰
庚癸乎則諾王欲伐宋太宰曰可勝也而弗能居也乃
歸冬吳及越平二十二年越滅吳嚭復臣越
贊曰晏嬰有言君為社稷死則死為社稷亡則亡故崔
杼之亂晏子不死君子不以為怯子路孔氏之宰也而

死國難過於厚矣且政不及焉雖不死不害孟子曰可以死可以無死死傷勇子路之死殆傷勇矣子貢之辯折諸侯者禮義而已遷史言其一出存魯亂齊破吳彊晉而霸越此殆戰國縱横家附益之也鄎之會吳人執衛侯子貢尚請東錦遊談以釋之存已而亡人殆非子貢之志也不然子貢之辯豈無以存魯何至為此區區也公叔文子富而好禮不以小忿棄大德此所以能與其臣同升諸公也仲尼嘗用於魯其效聞於天下矣武

叔身親而目見且以子貢為賢而毁之犂彌何誅焉傳越吳在二十二年二十四年季孫尚因嚭納賂於越而太史公云越滅吳誅太宰嚭以不忠當以傳為正嚭以貪佞亡吳復見容於越何佞人之難遠也

春秋臣傳卷二十九

欽定四庫全書

春秋臣傳卷三十

宋　王當　撰

哀公

魯冉有 求

冉有名求為季氏宰十一年齊伐魯及清冉有請與齊戰齊師宵遁冉有用矛於齊師故能入其軍孔子曰義也為郊戰故公會吳子伐齊大敗齊師獲革車八百乘

甲首三千

魯子服景伯　何

子服景伯名何魯大夫也哀公三年司鐸火火踰公宮桓僖災救火者皆曰顧府景伯至命宰人出禮書以待命命不共有常刑校人乘馬巾車脂轄百官官備府庫慎守官人肅給濟濡帷幕鬱攸從之蒙葺公屋自太廟始外内以悛助所不給有不用命則有常刑無赦七年夏公會吳於鄫吳來徵百牢景伯對曰先王未之有也

周之王也制禮尚物不過十二以為天之大數也今棄周禮而曰必百牢亦唯執事吳人弗聽景伯曰吳將亡矣棄天而背本不與必棄疾於我乃與之季康子欲伐邾乃饗大夫以謀之景伯曰小所以事大信也大所以保小仁也背大國不信伐小國不仁民保於城城保於德失二德者危將焉保不聽秋伐邾十三年吳晉盟吳人將以公見晉侯景伯曰王合諸侯則伯帥侯牧以見於王伯合諸侯則侯帥子男以見於伯自王以下朝聘

玉帛不同故敝邑之職貢於吳有豐於晉無不及焉以為伯也執事以伯名諸侯而以侯終之何利之有焉吳人乃止既而悔之將囚景伯景伯曰何也立後於魯矣遲速唯命遂囚以還及戶牖謂太宰曰魯將以十月上辛有事於上帝先王季辛而畢何世有職焉若不會祝宗將曰吳實然太宰言於王乃歸景伯子貢聞之見於夫子曰子服氏之子拙於說矣以實獲囚以詐得免夫子曰吳子為夷德可欺而不可以實是聽者之蔽非說

者之拙也

越大夫種

大夫種姓文越相也元年吳王夫差敗越於夫椒報檇李也遂入越越子以甲楯五千保于會稽乃號令曰有能助寡人謀而退吳者吾與之共知越國之政大夫種曰臣聞之賈人夏則資皮冬則資絺旱則資舟水則資車以待乏也譬如蓑笠時雨既至必求之今君既棲於會稽之上然後乃求謀臣無乃後乎句踐曰苟得聞子

大夫之言何後之有種曰王不如設戒約辭行成以喜其民以廣侈吳王之心吾卜之於天矣越王許諾乃使種因吳太宰嚭以行成請句踐女女於王大夫女女於大夫士女女於士越國之寶器畢從夫差將與之成子胥諫曰不可乃飾美女納之太宰嚭嚭與之言於夫差乃與之成而歸初句踐即位三年欲伐吳范蠡諫不聽及棲會稽使名范蠡問曰吾不用子之言以至於此為之柰何對曰卑辭尊禮玩好女樂尊之以名如此不已

又身與之市王乃使大夫種行成王曰蠡為我守於國對曰四封之内百姓之事蠡不如種四封之外敵國之制立斷之事種不如蠡王曰諾令種守於國與蠡入宦於吳三年而吳人遣之歸至於國王曰不穀之國蠡之國也蠡其圖之及吳王會於黃池越乃襲吳敗之三戰三北遂入吳吳王請成王欲許之范蠡曰夫謀之廊廟失之中原其可乎得時無怠時不再來天與不取反為之災夫十年謀之一朝棄之其可乎遂滅吳反至五湖

蠡辭王曰君憂臣勞君辱臣死王辱於會稽臣所以不死者為此事也今事已濟矣請從會稽之罰王不可蠡曰君行制臣行意遂乘輕舟以浮於五湖莫知其所終王命工以良金寫蠡之狀而朝禮之環會稽三百里以為范蠡地蠡後貽書招種種未決越王賜之劒死

衛孔圉

孔圉衛卿孔文子也初衛太叔疾取於宋子朝其娣嬖子朝出孔文子使疾出其妻而妻之疾使侍人誘其初

妻之娣寘於犂而為之一宮如二妻文子怒欲攻之仲尼止之遂奪其妻哀十一年冬衛太叔疾出奔宋衛人立遺使室孔姞文子之將攻太叔也訪於仲尼仲尼曰胡簋之事則嘗學之矣甲兵之事未之聞也退命駕而行曰鳥則擇木木豈能擇鳥文子遽止之曰圉豈敢度其私訪衛國之難也將止魯人以幣召之乃歸

魯季孫肥

季孫肥季康子也季桓子之庶子十一年冬季孫欲以

田賦使冉有訪諸仲尼仲尼曰丘不識也三發卒曰子為國老待子而行若之何子之不言也仲尼不對而私於冉有曰君子之行也度於禮施取其厚事舉其中斂從其薄如是則以丘亦足矣若不度於禮而貪冒無厭則雖以田賦將又不足且子季孫若欲行而法則周公之典在若欲茍而行又何訪焉弗聽十二年春用田賦夏五月昭夫人孟子卒昭公取於吳故不書姓死不赴故不稱夫人不反哭故不言葬小君孔子與弔適季氏季

氏不繞放經而拜冬十二月螽季孫問諸仲尼仲尼曰

火伏而後蟄者畢今火猶西流司歷過也

晉趙無恤 襄子

趙無恤晉趙鞅之子也是曰襄子襄子使新稚穆子伐

狄勝來告襄子將食尋飯有恐色侍者曰狄之事大矣

而主之色不怡何也襄子曰吾聞之德不純而福祿並

至謂之幸夫幸非福非德不當雝雝不為幸吾是以懼

晉陽之圍從者欲守邯鄲襄子以謂晉陽先主之所屬

也乃走晉陽晉師圍而灌之沈竈產鼃民無叛意卒與韓魏滅知伯至敬侯三卿滅晉

晉荀瑶 知伯

荀瑶荀躒之孫知襄子也是曰知伯父荀申曰知宣子宣子將以瑶為後知果曰不如宵也宣子曰宵也很對曰宵之很在面瑶之很在心心很敗國面很不害瑶之賢於人者五其不逮者一美鬢長大則賢射御足力則賢伎藝畢給則賢巧文辨慧則賢彊毅果敢則賢如是

而甚不仁夫以其五賢陵人而以不仁行之誰能待之若果立瑶也知宗必滅弗聽知果別族為輔氏及知氏之亡惟輔果在初襄子為室美士茁夕焉知伯曰室美夫對曰美則美矣抑臣亦有懼也知伯曰何懼對曰臣以秉筆事君志有之高山峻原不生草木松柏之地其土不肥今土木勝臣懼其不安人也室成三年而知氏亡

齊陳恒 武子

陳恒陳成子也十四年四月甲午恒弑其君壬於舒州

孔子三日齋而請伐齊三公曰魯為齊弱久矣子之伐

之將若之何對曰陳恒弑其君民之不與者半以魯之

衆加齊之半可克也公曰子告季孫孔子辭退而告人

曰吾以從大夫之後也故不敢不言

贊曰哀公之時國弱微有子路為之削三都有子貢子

服為之應四方之命有冉有為之帥軍旅遂抗於諸侯

用儒之效如何也然是二三子者巳不能用況於仲尼

乎受制三桓固其所也大夫種能存越國而不能保其身懷寵之為累也如是然為句踐亦寡恩矣困則屈伏彊則搏噬亦夷狄之常也范蠡見幾而作知矣孔文子以大叔室孔姞亂禮已甚然猶知訪仲尼而止其行過晏嬰子西遠矣是以謂之文也大臣不和未有能定國也陳恒之亂民所共棄當是時中國無伯久矣魯誠仗義而征之齊必倒戈而聽命定齊則諸侯可得此湯文之舉也曾是莫聽而徒為無用之誅宜乎哀公之不終

也自是而後三卿分晉陳氏盜齊諸侯莫之誰何遂為戰國悲夫孟子謂五霸三王之罪人今之諸侯五霸之罪人今之大夫今之諸侯之罪人信哉

春秋臣傳卷三十

總校官編修臣朱鈐
校對官主事臣雷純
謄錄監生臣吳芸

圖書在版編目（CIP）數據

春秋臣傳 / (宋) 王當撰. — 北京：中國書店,
2018.8
ISBN 978-7-5149-2039-0

Ⅰ. ①春… Ⅱ. ①王… Ⅲ. ①政治家 – 列傳 – 中國 –
春秋時代 Ⅳ. ①K827=25

中國版本圖書館CIP數據核字(2018)第080021號

四庫全書·傳記類

春秋臣傳

作者　宋·王當撰
出版發行　中國書店
地址　北京市西城區琉璃廠東街一一五號
郵編　一〇〇〇五〇
印刷　山東汶上新華印刷有限公司
開本　730毫米×1130毫米　1/16
印張　38.75
版次　二〇一八年八月第一版第一次印刷
書號　ISBN 978-7-5149-2039-0
定價　一三八　元（全二册）